어른에게는 아이가 필요하다

어른에게는 아이가 필요하다

함께 성장하는 부모와 아이의 시간

초 판 1쇄 2026년 03월 24일

지은이 손두란
펴낸이 류종렬

펴낸곳 미다스북스
본부장 임종익
편집장 이다경, 김가영
디자인 윤영빈, 윤가희, 임인영
책임진행 김은진, 이예나, 안채원, 국소리, 송가희

등록 2001년 3월 21일 제2001-000040호
주소 서울시 마포구 양화로 133 서교타워 711호, 808호
전화 02) 322-7802~3
팩스 02) 6007-1845
블로그 http://blog.naver.com/midasbooks
전자주소 midasbooks@hanmail.net
페이스북 https://www.facebook.com/midasbooks425
인스타그램 https://www.instagram.com/midasbooks

ISBN 979-11-7355-753-8 03370

값 18,000원

미다스북스는 다음세대에게 필요한 지혜와 교양을 생각합니다.

어른에게는
아이가
필요하다

함께 성장하는
부모와 아이의 시간

손두란 지음

미다스북스

목차

힘들고 어려웠던 육아를 통해 얻은 것들

어둠 속에서 길을 잃었을 때

어떻게 어둠을 뚫고 나아갈지 우리는 선택할 수 있다.

이렇게 보면 선택권은 우리에게 힘을 부여한다.

선택권은 우리를 끌어올리지 끌어내리지 않는다.[1]

-글래디스 맥게리-

부모 역할의 어려움을 이야기하는 일은 이제 조금 지겹게 느껴집니다. 고작 아이 한 명을 낳아 기르는 저 역시 부모 역할이 쉽지 않은 것은 사실입니다. 하지만 우리는 아이를 낳았고, 키우고 있으며, 되돌릴 방법도 없습니다. 부모가 끝이 보이지 않는 육아의 터널 속에서 헤매는 동

---

[1] 나이 들수록 행복해지는 인생의 태도에 관하여(2025), 글래디스 맥게리, 부키

안에도 아이는 쉬지 않고 자랍니다. 누군가는 정책을 논의하고 누군가는 더 나은 복지를 요구하겠지만 부모인 우리는 이 순간에도 아이를 키워야 합니다. 아이를 돌보는 일과 함께 사회적 역할과 경제적 책임 또한 감당해야 합니다.

임신 초기 건강상의 문제로 경력 단절을 겪게 된 저는 운 좋게도 아이가 돌을 지났을 무렵 국공립 어린이집 원장이 되었습니다. 만 서른네 살의 나이에 육아와 관리자의 책임을 동시에 지게 된 것입니다. 일을 잘 해내고 싶었지만, 아이 또한 잘 키우고 싶었습니다. 내 아이를 가까이 두는 일이 업무에 부담이 되지 않을지, 엄마가 자신을 두고 일하는 모습이 아이에게 상처가 되지 않을지 걱정되었습니다. 그래서 저는 제가 근무하는 어린이집이 아닌 인근의 다른 어린이집에 아이를 보냈습니다. 그렇게 육아와 일, 두 마리 토끼를 동시에 쫓는 시간이 시작되었습니다.

부모 역할을 하며 가장 힘들었던 순간은 육아와 일을 병행하느라 부모로서 역할을 온전히 다하지 못한다고 느낄 때였습니다. 아이를 입원실에 두고 출근해야 했던 날, 방학에도 아이를 등원시켜야 했던 시간이 특히 마음 아픈 기억으로 남아 있습니다. 아이를 곁에서 돌보고 싶었지만 일을 해야 했기에 다른 선택이 없었던 그 순간, 저는 부모로서 깊은 무력감을 느꼈고 부모 역할의 무게를 절실히 실감했습니다. 그러나 그러한 몇몇 상황을 제외하면, 대부분의 선택권은 부모인 저에게 있었습니다.

부모는 떼를 쓰는 아이에게 화를 낼 수도 있고, 안아 주며 달랠 수도 있습니다. 아니면 냉정하게 규칙을 안내할 수도 있고, 아이처럼 짜증을 낼 수도 있습니다. 아이의 행동 앞에서 여러분은 과연 어떤 반응을 보여 왔는지 생각해 보세요. 우리가 보이는 일관된 반응은 의도적인 선택의 결과라기보다, 습관처럼 튀어나온 자동적 반응이었을 가능성이 큽니다. 만약 아이의 행동에 대한 나의 자동적 반응이 부정적이라고 느껴져 고치고 싶다면, 잠시 멈추어 어른의 태도로 새롭게 생각할 수 있어야 합니다.

나는 이 상황에서 어떻게 행동할 것인가?

아이가 떼를 쓰니 부모는 화가 날 수밖에 없다고 생각할 수도 있습니다. 그러나 아이가 떼를 쓰더라도 울고 있는 아이를 안아 주고, 침착하게 다른 대안을 안내해 주는 부모도 있습니다. 하루는 아이에게 이렇게 물은 적이 있습니다. "네가 떼를 쓸 때 엄마는 어떻게 했었지?" 아이는 이렇게 답했습니다. "엄마는 그냥 다른 놀이를 알려 주고 같이 놀아 줬지."

정답은 없습니다. 다만 아이의 행동에 대한 부모의 반응은 어쩔 수 없는 일이 아니라 부모의 선택일 수 있다는 사실을 알아주었으면 좋겠습니다.

직장 생활에서도 마찬가지였습니다. 부모라는 역할이 더해지자 예전에는 나서서 "제가 하겠습니다." 하고 자신 있게 맡았던 업무도 이제는 선뜻 떠맡기 어려웠습니다. 일을 제대로 해 보고 싶다가도 집에서 엄마를 기다리고 있을 아이를 떠올리면 쉽게 나설 수 없었습니다. 최고의 선택이 아닌 최선의 선택에 만족하는 것, 그것이 육아와 일을 병행하며 제가 배운 가장 큰 인생의 지혜였습니다. 전업으로 육아만 했더라면 혹은 아이 없이 일만 하며 살았더라면 결코 깨닫지 못했을 가르침이었습니다.

5년간 국공립 어린이집을 운영한 뒤, 지난해 과감히 원장의 자리를 내려놓았습니다. 지금은 고향으로 귀촌해 아이를 돌보고, 틈틈이 강의와 컨설팅을 하며 육아와 일 사이의 새로운 균형을 찾아가고 있습니다. 모든 역할을 완벽하게 해내기보다 나다운 모습으로 조화롭게 살아 보려 합니다. 그렇다고 제 커리어를 완전히 포기한 것은 아닙니다. 원장으로 일할 때보다 수입은 적지만, 좋아하는 일과 도전해 보고 싶은 일에 몰입하며 질적으로는 더 만족스러운 삶을 살고 있습니다.

육아를 하는 것도 나의 일을 다듬어 나가는 것도 모두 나 자신의 선택에 따를 수 있음을 깨닫길 바랍니다. 최고가 되어야 한다는 부담을 내려놓고 나다울 수 있는 최선의 선택을 하며 살아갈 때 우리는 더 행복하고 만족할 수 있습니다. 아이를 바라보며 사람은 누구나 존재 자체로 아름다울 수 있음을 이해하게 되었고, 저 또한 존재 자체만으로도 사랑스럽고 충분한 사람임을 깨닫게 되었습니다. 아이를 키우는 모든 이들이 단지 '좋은 부모가 되는 것', 혹은 '아이를 잘 키우는 것'만을 삶의 목표로 삼지 않았으면 합니다.

아이를 돌보고 가르치는 일은 분명 힘들고 소진되는 일이기도 합니다. 그러나 나 자신의 성격과 자라온 배경, 성장 과정을 돌아보며 내 앞의 아이를 스승이라 믿고 한 걸음 따라가 보십시오. 아이가 발달 단계에 따라 보여 주는 온전한 생명력과 성장의 힘을 깎아내리지 않고 있는 그대로 존중하며 함께 걸어간다면, 우리 안의 '어린아이' 또한 다시 자라날 수 있습니다.

아이는 우리를 어른으로 성장하게 해 주는 고마운 존재라고 생각합니다. 몸은 이미 어른이지만 부모답지 못하고, 어른답게 행동하지 못하는 순간에 우리는 비로소 내 안의 '어린아이'를 마주하게 됩니다. 우리가 키우는 아이는 부모 내면의 '어린아이'를 다시 성장하게 해 줍니다. 육아는 힘든 일이지만 아이의 성장을 함께한 부모는 진정한 어른으로 다시 성장할 수 있습니다.

혹시 이 책을 손에 든 분들 가운데에는 비혼의 삶을 살거나 결혼은 했지만 자녀가 없는 분들도 있을 것입니다. 또는 자녀가 이미 성인이 된 분들도 있을 것입니다. 그러한 분들은 저에게 이런 질문을 하실지도 모르겠습니다.

"이 책이 저에게도 의미가 있을까요?"

부모가 아닌 어른에게도 아이는 있습니다. 바로 내 안에 존재하는 내면의 '어린아이'입니다. 이 책의 2장에는 아이를 성장시키는 긍정적인 말들이 담겨 있습니다. 아이를 키우는 부모라면 이 책을 읽으며 이런 생각이 들지도 모릅니다. "그래, 나도 이런 말을 듣고 싶었지. 내 아이에게는 꼭 이런 말을 들려주고 싶다." 반면 돌봐야 할 아이가 없는 어른이라면 자신의 어린 시절을 떠올리며 듣고 싶었지만 듣지 못했던 말들을 스스로에게 건네 보시기 바랍니다. 그 순간 내 안의 어린아이가 미소 지으며 다시 자라날지도 모릅니다.

우리는 누구나 성장의 과정에서 결핍을 겪을 수 있습니다. 그 결핍을 오롯이 부모의 탓으로만 돌리고 싶지는 않습니다. 그 시절의 환경과 상황이 그러했을 뿐인 경우도 많기 때문입니다. 그때의 우리는 어리고 약했지만 이제 더 이상 누군가에 의해서만 자라야 하는 어린아이가 아닙니다. 내 삶의 성장과 성숙을 위해 내 안의 '어린아이'를 스스로 자라게 할 수 있는 '어른'이 되었습니다. 긍정의 언어로 자신을 지지하고 따뜻한 말로 자신을 보살펴 보세요. 우리는 분명 다시 성장할 수 있습니다.

진정한 어른이 되고 싶은 모든 이들에게 이 책을 건넵니다.

1장 부모라는 세계를 다시 세웁니다

1장 요약 : 부모가 되는 이들 대부분은 자신의 부모로부터 '부모'라는 세계를 물려받았습니다. 그러나 과거와 지금은 시대도, 문화도, 환경도 크게 달라졌습니다. 그래서 우리는 어른의 자세로 부모에게서 물려받은 낡고 미숙한 정보들을 가려내어 새롭게 해석하고 보완해야 합니다. 이 장에서는 부모다움과 어른다움, 아이다움의 의미를 다시 살펴보며, 부모 역할에 대한 오해와 편견을 내려놓고 그 의미를 새롭게 이해해 보고자 합니다.

1장 대표 키워드 :

성격, 부모 역할, 부모다움, 어른다움, 아이다움

독자를 향한 짧은 질문 :

"내가 물려받은 부모 역할 중 남길 것과 버릴 것, 새로 취해야 할 것은
무엇일까?"

부모답다는 것과 어른답다는 것, 그리고 아이답다는 것에 대해 깊이 생각해 본 적이 있나요? 부모는 언제나 부모답기만 해야 하고, 어른은 언제나 어른다워야만 하는 걸까요? 부모나 어른이 아이답게 굴면 그건 부끄러운 일일까요? 그렇다면 우리는 몇 살까지 아이다워도 부끄럽지 않을 수 있을까요?

저는 현장에서 영유아 교사, 어린이집 원장, 그리고 부모 교육 강사로 일해 오며 부모답다는 것과 어른답다는 것, 그리고 아이답다는 것에 대한 오해와 편견에서 벗어날 수 있었습니다. 부모들에게 가장 많이 들었던 질문은 "부모라는 역할은 도대체 언제쯤 끝낼 수 있나요?", "부모답지 못한 나를 어떻게 하면 부모답게 성장시킬 수 있을까요?" 같은 것이었습니다. 이런 질문에 답하기 위해 저는 늘 '부모다움이란 무엇인가'를 생각해 왔습니다.

부모다움이란 과연 무엇일까요? 아이를 잘 키우기 위한 부모의 역할은 무엇일까요?

우리는 부모 세대에 비해 훨씬 자율적인 삶을 살고 있습니다. 부모 세대의 희생과 돌봄이 우리로 하여금 삶을 자율적으로 바라보는 태도를 갖게 해 주었기 때문일 것입니다. 반면 책임과 권위로부터는 다소 멀어지게 된 것도 사실입니다. 일관된 양육이 중요하다고 말하는 가운데, 혹시 우리는 일관되게 부드러운 사랑만을 주려 애써 온 것은 아닐까요? 엄한 사랑과 부드러운 사랑 사이의 균형을 잃어버린 것은 아닌지 돌아보게 됩니다. **꽃길만 걸으라고 하니 꽃길이 아닌 길은 더 이상 길처럼 보이지 않습니다.**

그렇게 집 안에서 따뜻하고 부드러운 사랑을 받으며 성장한 우리는 힘들고 어려운 일 앞에서 가능하면 피하고 싶은 마음이 들기도 합니다. 그 결과 결혼과 출산마저 기피의 대상으로 인식되는 현실과 맞닿아 있는지도 모릅니다. 우리 사회가 결혼과 출산에 대한 오해와 편견에서 벗어나고, 부모가 부모 역할을 보다 안정적이고 행복하게 수행하기 위해서는 '부모' 역할에 대한 개념을 새롭게 해석하고 재정립할 필요가 있습니다.

결론부터 말하자면 임신과 출산, 그리고 육아는 저에게 있어서도 생애 가장 힘들고 소진되는 시간이었습니다. 아이는 나날이 성장하며 부모인 저에게 늘 새로운 과제를 주었고, 그 과제는 매번 낯설고 어려웠습니다. 딱히 육아에 대한 지식이 부족하거나 실행력이 떨어져서라기보다는, 아이로 인해 다양한 '감정'을 마주하는 일과 나 자신의 '성격'을 수용하는 일이 어려웠습니다. 육아가 힘들 때면 저는 늘 제 '성격'을 문제 삼았고, 감정과 사고, 그리고 행동이 복잡하게 얽혀 작동하는 '성격'이라는 존재 때문에 괴로워했습니다.

자녀가 안정적인 애착을 형성하려면 부모는 '일관된' 양육을 해야 한다고 합니다. 그러나 여기서 많은 오해가 생깁니다. 이는 사랑으로 돌보아야 할 때와 규칙과 질서를 가르쳐야 할 때를 분명히 구분하고, 따뜻하고 친절한 사회적 분위기 속에서 아이를 키우자는 뜻이지, 늘 엄격하거나 늘 따뜻하기만 하라는 의미는 아닙니다. 오히려 일관된 양육을 위해서는 부모의 융통성과 조율 능력이 필요합니다. 상황에 맞게 부모다움과 어른다움, 그리고 아이다움을 적절히 활용해야 합니다. **좋은 부모가 되기 위해서는 부모다워야 할 때는 부모답게, 어른다워야 할 때는 어른답게 행동하고, 때로는 아이다울 수도 있어야 합니다.**

내가 부모든 어른이든 아이이든, 사람은 누구나 때와 장소, 그리고 상황에 맞게 기대되는 세 가지 역할을 하며 살아갑니다. 나이나 지위와 관계없이 누구에게나 부모다움과 어른다움, 아이다움은 내재되어 있습니다. 이는 상당 부분 내가 부모로부터 아주 어린 시절에 물려받은 정보와 관련이 있습니다.

성격이 세대를 거쳐 부모와 자식 사이에 전해지듯 부모 역할 또한 대물림됩니다. "나는 이런 말을 하고 싶었던 게 아닌데, 왜 내 입에서 이런 말이 나왔을까?" 하고 생각해 본 적이 있을 것입니다. 부모 역할을 하면서 의도하지 않은 말이 무심코 튀어나오는 이유 역시 성격과 부모 역할이 대물림되기 때문일 수 있습니다. 그렇게 물려받은 정보는 우리가 생애 첫 부모 역할을 시작할 때 큰 자원이 되기도 합니다. 그러나 그것만으로는 충분하지 않습니다. 시대도, 문화도, 환경도 크게 달라졌기 때문입니다. 이제는 대물림된 정보 속에 남아 있는 낡고 미숙한 요소를 가려내어 새롭게 해석하고 다시 정의해야 합니다.

1장에서는 부모다움과 어른다움, 아이다움에 대한 묵은 오해와 편견을 걷어내고, 이 세 가지 성격의 기능을 적절히 활용함으로써 좋은 부모가 되는 길을 모색해 보겠습니다.

부모다움,
사랑에 대한 경계를 분명히 하기

우리는 부모다움의 의미를 돌봄과 희생에서만 찾고 있지는 않나요? 따뜻하고 부드러운 사랑만으로도 아이가 잘 자라 준다면 좋겠지만, 아이가 건강하게 성장하기 위해서는 부드러운 사랑과 엄한 사랑이 균형 있게 주어져야 합니다.

[엄한 사랑]

엄한 사랑은 아이가 규칙을 이해하고 자신의 행동을 적절히 조절하는 데 도움을 줍니다. 아이가 울며 떼를 쓰는 시기가 오면, 그것은 스스로 생각하는 능력이 발달하고 있다는 신호이기도 합니다. 그 시기부터 부모는 허용되는 행동과 허용되지 않는 행동을 분명하게 가르쳐야 합니다. 아이에게 "안 돼"라고 말하는 일이 마음 아플 수도 있습니다. 그러나 아이는 어떤 행동이 옳고 어떤 행동이 그른지 배워야 어린이집이나 유치원에서 좋은 친구로 인정받을 수 있습니다.

만약 아이가 부모로부터 행동의 한계를 배우지 못한 채 기관에 간다면 많은 규칙과 질서를 부모가 아닌 교사에게서 배워야 합니다. 물론 전문가인 선생님들께서 부모보다 더 잘 가르쳐 주실 수도 있습니다. 그러나 엄한 사랑은 심리적으로 가장 가까운 주 양육자로부터 배우는 편이 아이에게 더 효과적이고 안전합니다.

허용되지 않는 행동을 보이는 영아들의 마음은 '나쁜 의도'가 아니라 '호기심'으로 가득 차 있을 가능성이 큽니다. 따라서 무조건적으로 자신을 사랑해 주는 주 양육자인 부모가 엄하지만 안정된 태도로 이렇게 알려 주어야 합니다. "네 마음은 이해하지만, 그건 잘못된 행동이야." 이러한 경험이 일관되게 반복될 때 아이는 배웁니다. 자신의 존재는 늘 존중받고 환영받지만, 행동에는 옳고 그름이 있을 수 있다는 사실을 말입니다.

저희 아이는 자신이 어렸을 때 실컷 떼를 쓰고 울어 보았기 때문에 이제는 그럴 필요가 없다고 말합니다. 아이를 위해 내린 결정은 아무리 아이가 울고 떼를 써도 번복하지 않았습니다. 대신 속상하고 억울해서 울음을 그치지 못하는 아이를 따뜻하게 안아 주고 돌보았습니다. 감정은 수용하되 행동은 제한하고, 적절한 대안을 제시했습니다. 그러한 경험이 반복되자 아이는 부모의 통제가 자신을 위한 것임을 이해하게 되었습니다. 그리고 부모가 화를 내지 않고 친절하게 말하더라도 '안 된다고 한 것은 정말 안 되는 것'임을 아는 아이로 자랐습니다.

'규칙과 훈육'의 반대는 '자유와 존중'일까요? **규칙과 훈육이 없는 곳에는 무질서와 혼돈이 자리합니다.** 울타리가 잘 갖춰진 놀이터에서는 아이들도 안심하고 마음껏 뛰어놀 수 있습니다. 반면 규칙과 질서가 없는 놀이터는 지뢰밭과도 같습니다. 부모와 교사는 아이들의 행동 하나하나를 감시해야 하고, 아이는 자신의 행동 하나하나에 눈치를 보게 됩니다. 아이의 마음에도 질서가 필요합니다. 그 질서는 아이를 억압하고 통제하기 위한 것이 아니라, 오히려 더 자유롭게 하기 위한 토대입니다.

어른과 마찬가지로 아이들 또한 일정한 체계 안에서 안정감과 확실함을 느끼고자 하는 욕구를 지니고 있습니다. 현장에서 만난 아이들 가운데 규칙을 잘 지키지 못하는 경우의 대부분은, 규칙을 알고도 일부러 어기는 것이 아니었습니다. 애초에 규칙을 충분히 배운 적이 없거나, "규칙이 너무 많아. 이건 불공평해."라고 느끼고 있었던 경우가 많았습니다.

부모와 교사가 아이에게 규칙을 가르치는 것은 단순히 아이의 행동을 통제하기 위해서가 아닙니다. 아이가 또래와 사이좋게 지낼 수 있도록 돕고 아이를 안전하게 보호하기 위해서입니다. 하지만 어른들은 무심코 "엄마 말씀 잘 들어야 착한 아이지.", "오늘도 선생님 말씀 잘 듣고 와야 한다."라고 말합니다. 아이가 이런 말을 반복해서 들으면 규칙은 자신을 위한 것이 아니라 어른을 위한 것으로 오해하게 됩니다. 그러면 규칙을 멀리하고 싶어집니다.

　엄한 사랑은 양육에 반드시 필요합니다. 그러나 지나쳐서는 안 됩니다. 저는 부모가 아이를 야단치고 공격적으로 훈육하는 것을 엄한 사랑이라고 보지 않습니다. 그것은 옳지 않은 행동일 뿐, 사랑이라는 말로 포장해서는 안 됩니다. 물론 지나친 훈육 역시 아이를 잘 키우고자 하는 부모의 책임감에서 비롯된 것임을 이해합니다. 그러나 우리는 지나친 훈육으로는 제대로 가르칠 수 없다는 사실을 알아야 합니다.

　어린 식물에게 물을 줄 때는 작은 물조리개로 조심스럽게 주어야 합니다. 어린 식물에게 소방호스로 거세게 물을 쏟아붓는다면 식물은 꺾여 쓰러질 것입니다. 부족한 것도 문제이지만 지나친 것도 문제라는 사실을 늘 기억했으면 좋겠습니다. 콩나물시루에 물을 붓는 마음으로 규칙과 질서를 안내해 주십시오. 아이가 자라고 성장하는 데에도 충분한 시간이 필요합니다. 엄한 사랑은 단호할 수는 있지만 분명 '사랑'이어야 합니다.

우리는 종종 내비게이션의 도움을 받아 낯선 길을 갑니다. 제가 아무리 실수하고 잘못된 길로 들어서더라도, 내비게이션의 음성은 한결같이 따뜻합니다. "경로를 이탈하였으므로 새로운 경로로 안내해 드리겠습니다."라는 말에 큰 위안을 얻습니다. 동시에 '길을 제대로 보아야지.' 하고 정신을 가다듬게 됩니다. 규칙을 배우는 아이들에게도 이와 같은 태도가 도움이 될 것입니다. 내비게이션의 친절한 목소리에서는 따뜻한 부모다움을 느낄 수 있습니다. 여기에 현명한 어른다움을 더해, 고장 난 라디오처럼 차분히 반복해 주십시오. 아이는 그러한 환경 속에서 자신과 타인에게 필요한 규칙들을 시간이 걸리더라도 하나씩 익혀 나갈 것입니다.

　아이들을 돌보는 선생님들께 저는 강의장에서 이런 이야기를 전합니다. 우리가 돌보는 아이들은 우리의 가르침에 따른 성과를 내기 위해 모인 존재가 아니라, 가르침이라는 과정을 매일 경험하기 위해 온 존재라는 것입니다. 아이가 배워야 할 것이 있다면 그것을 못 본 척 외면해서도 안 되고, 그렇다고 과도하게 가르쳐서도 안 됩니다. 우리는 늘 같은 온도로 무엇이 옳은지, 그리고 무엇이 아이들 자신에게 해로울 수 있는지를 안내해 줄 수 있는 사람들입니다. 부모와 교사, 그리고 아이들은 서로에게 엄한 사랑을 베풀 수 있는 존재들입니다. 우리는 한 공간에서 함께 하루를 보내며 '경계'를 배웁니다. 존중받고 싶은 나의 경계와 내가 존중해 주어야 할 타인의 경계를 배우는 일. 그 멋진 배움은 '엄한 사랑'이라는 방식 안에서 이루어집니다. 세상에서 가장 소중한 나의 아이에게 그 귀한 배움을 전해 줄 수 있는 존재는 바로 우리 자신일 수 있습니다.

[부드러운 사랑]

부드러운 사랑은 부모가 따뜻한 손길로 아이를 돕는 태도를 말합니다. 그래서 저는 부드러운 사랑을 '돌봄'이라고 정의하고 싶습니다. 이 돌봄은 아이의 발달 수준과 상황에 맞게 제공되어야 합니다. 아이가 어려 스스로 해낼 수 없는 일이라면 부모가 주도적으로 나서 도움을 주어도 좋습니다. 또한 아이가 어느 정도 성장했더라도, 아프거나 지쳐 스스로 감당하기 어려운 특별한 상황이라면 부모는 다시 주도적으로 아이를 도울 수 있습니다.

하지만 아이가 스스로 할 수 있는 나이가 되었고, 스스로 해 보기를 원한다면 부모는 먼저 나서 돕기보다 멈추어 기다려 주어야 합니다. 지나치게 앞서 돕거나 필요 이상으로 개입하는 것은, 아이가 스스로 경험하며 배울 기회를 빼앗는 일이 됩니다. 그 결과 부모는 갈수록 유능해지지만, 아이는 갈수록 무능해지는 아이러니한 상황이 벌어질 수 있습니다. 엄한 사랑과 마찬가지로, 부드러운 사랑 또한 과도해서는 안 됩니다.

아이를 키우며 목욕과 옷 입기, 배변 지도처럼 돌봄이 필요한 순간과 스스로 해 보도록 기회를 주어야 하는 순간 사이에서 많은 고민을 했습니다. 어릴 때는 부모가 도와야만 했던 일들도 아이가 자라면서 이제는 스스로 하도록 남겨 두어야겠다는 생각이 들기 시작합니다. 무언가를 할 때 '완벽하게' 해야 하거나 '서둘러' 해야 직성이 풀리는 성향의 부모라면 서툴거나 꾸물거리는 아이에게 끝까지 기회를 주고 기다려 주는 것은 쉽지 않을 수 있습니다.

김준혁 교수는 『돌봄의 역설』[2]에서 "돌봄은 보살핌을 받는 이의 관점에서 주어져야 한다."고 말합니다. 부모는 부모 역할에 대한 만족감에 스스로 취해 있어서는 안 됩니다. 누군가를 돌보며 자신의 존재 의미와 가치를 느낄 수는 있습니다. 그러나 그것은 어디까지나 부수적인 결과일 뿐 그 자체가 목적이 되어서는 안 됩니다. 만약 아이의 발달이나 상황과 무관하게 과잉보호를 하고 있다는 생각이 든다면, 지금 내가 하는 이 돌봄은 과연 누구를 위한 것인지 스스로에게 물어보세요. 아이를 위한 일인지, 내 존재와 능력의 인정을 위한 일인지를 고민해 보시기 바랍니다.

아이가 18개월을 전후해 고집을 부리고 떼를 쓰기 시작한 무렵부터

---

[2]   돌봄의 역설(2024), 김준혁, 은행나무

저는 늘 먼저 묻고 돕는 것을 원칙으로 삼았습니다. 원칙이라고 말하기는 조금 부끄럽습니다. 아이에게 의사를 묻지 않고 도움을 주었을 때 크게 화를 내는 아이를 감당하기가 싫어서 그렇게 해 왔습니다. 그럼에도 저는 "도움이 필요하면 엄마에게 말해."라고 꼭 한마디를 덧붙입니다. 이 말 속에는 '엄마는 도와주고 싶지만 네가 원할 때만 도울게.'라는 뜻이 담겨 있습니다.

제 눈에는 아직도 어리고 서툰 아이가 무엇이든 스스로 해 보겠다며 팔을 걷어붙일 때마다 안쓰럽고 걱정스러운 마음이 들었습니다. 그러나 돌봄은 보살핌을 받는 이의 관점에서 이루어져야 합니다. 아이에게는 부모의 보호를 받는 것보다 스스로 해내고 그 성취를 인정받는 경험이 더 즐겁고 유익하다는 것을 우리는 기억해야 합니다.

반면에 부드러운 사랑이 부족한 경우도 생각해 볼 필요가 있습니다. 아이가 큰 소리로 울고 있는데 "다 울고 나면 엄마에게 와. 울지 말고 말로 표현하는 거야. 눈물 뚝 하고 오면 안아 줄게."라고 말하는 부모를 우리는 어떻게 바라보아야 할까요? 아마 많은 부모들이 한 번쯤은 마주했을 장면일지도 모릅니다. 이때 부모의 마음은 어떠할까요? 차가운 부모라고 생각할 수도 있겠습니다. 그러나 그 순간 부모의 마음은 오히려 더 뜨거울지도 모릅니다. 사랑으로 가득하지만 어떻게 도와주어야 할지 몰라 자신이 알고 있던 낡고 미숙한 전략을 꺼내 들었을 수도 있습니다.

"늘 안아 주고 달래면 아이 버릇이 나빠질지도 몰라."
"밖에 나가서도 저러면 어떡하지? 내가 버릇을 제대로 들여놓아야 해."

이러한 부담감 때문에 마음은 뜨겁지만 행동은 차갑게 표현되고 있는 것은 아닐까요?

많은 사람들은 도움을 받을 수 없는 상황에서 비로소 스스로 무언가를 해내는 힘이 길러진다고 말합니다. 틀린 말은 아닙니다. 그러나 그것은 어쩔 수 없는 상황에서 사용하는 전략일 뿐, 선택권이 있는 상황에서 굳이 채택해야 할 최선의 방법은 아니라고 생각합니다. 아이가 따뜻한 사랑을 요청할 때는 따뜻하게 응해 주시기를 바랍니다. 평소에는 스스로 해내던 일도, 어느 날 문득 부탁하는 경우가 있습니다. 그럴 때 저는 "왜, 오늘은 좀 힘들어?"라고 묻고는 흔쾌히 도와줍니다.

어른인 우리 역시 때로는 무언가를 하기 싫은 것을 넘어, 도저히 할 수 없을 것처럼 느껴지는 날이 있습니다. 아이들이라고 해서 어떻게 늘 스스로 하고, 늘 열심히 하고, 늘 부지런히 해낼 수 있겠습니까. 도움이 필요하다고 하면 도움을 주고, 사랑이 필요하다고 하면 사랑을 건네는 것. 그것이 제가 생각하는 따뜻한 사랑의 모습입니다. 그렇다고 해서 늘 희생적인 사랑을 주어야 한다는 뜻은 아닙니다. 돌봄의 주체는 부모이지만, 돌봄의 기준은 아이의 필요에 두어야 한다는 말입니다. 아이가 필요로 할 때, 부모는 기꺼이 내어줄 수 있어야 합니다.

정리하자면, 부모다움이란 엄한 사랑과 부드러운 사랑의 균형을 잘 맞추는 일이라 할 수 있습니다. 부모다움은 경계 없이 느슨한 방임도 아니고, 차갑게 거리를 두는 태도도 아닙니다. 그렇다고 지나치게 엄격한 것만도, 지나치게 희생적인 것만도 아닙니다. 그리고 이 부모다움은 부모만의 전유물이 아닙니다. 아이들 또한 누군가에게 규칙을 안내하고 돌봄을 베풀 수 있습니다. 부모가 아닌 어른 역시 사회에 필요한 규칙을 이야기하고, 돌봄이 필요한 사람들에게 적절한 도움을 건네며 살아갑니다. 인간이라면 누구에게나 부모다움의 면모가 있으며, 그것은 자연스럽고 당연한 일입니다.

혹시 부모가 되었다는 이유로 부모다움에 대한 부담을 크게 느끼고 있다면, 그러지 않아도 된다는 말씀을 드리고 싶습니다. 어쩌면 우리 안에는 아주 어렸을 때부터 부모다움이 자리하고 있었고, 부모 역할이 끝난 뒤에도 우리는 여전히 부모다운 모습으로 살아갈 것입니다. 아이를 키우는 일은 분명 낯설 수 있습니다. 그러나 부모다움을 발휘하는 일까지 낯선 것은 아닙니다. 그러니 완벽한 부모 됨의 방법을 밖에서만 찾기보다, 내 안의 부모다움을 점검하고 회복하기 바랍니다. 그것은 이미 우리 안에, 어떤 형태로든 존재하고 있습니다.

어른다움,
지금-여기에서 자율적으로 사고하기

어른다움과 부모다움에는 어떤 차이가 있을까요? 앞서 부모다움이란 엄한 사랑과 따뜻한 사랑의 균형이라고 말씀드렸습니다. 안전한 경계를 가르치고, 아이가 필요로 하는 범위 안에서 돌봄을 제공하는 것이 부모다움이라면, 어른다움은 지금-여기에 있는 정보를 바탕으로 사실을 고려하고 문제를 해결하는 능력이라 할 수 있습니다. 부모다움이 '마땅히 어떠해야 한다'는 신념에서 비롯되는 행동이라면, **어른다움은 어떠한 신념이나 그와 연결된 감정에 휘둘리지 않고 현실을 고려하여 이성적으로 판단하고 결정하는 능력입니다.**

부모다움이 '가르쳐야 할 때'와 '돌봐야 할 때'를 잘 구분하여 엄한 사랑과 부드러운 사랑의 기준을 분명히 세워 준다면, 어른다움은 그 기준이 상황과 맥락에 맞게 융통성 있게 적용되도록 돕습니다. 따라서 부모로서 내가 어른답게 행동하고 있는지를 점검하는 차원에서, 아래의 두

물음에 스스로 답해 보시기를 바랍니다.

 '나는 문제를 해결하는 것을 돕는 부모인가, 문제의 원인과 잘잘못을 따지는
부모인가?'
 '나는 육아와 문제 해결에 있어 행동에 대한 선택권이 나 자신에게 있음을 알
고 있는가?'

1) 문제 해결을 돕는 부모

 첫 번째 물음부터 생각해 보겠습니다. 아이에게 어떤 문제가 벌어졌
을 때, 생각이 많은 부모일수록 이 일이 왜 일어났는지, 누구의 책임이
더 큰지를 밝히는 데 몰두하곤 합니다. '어떻게(How)' 해결할 것인가를
함께 궁리하는 것이 어른다운 역할이라면, '왜(Why)' 이런 일이 일어났는
지를 평가하고 책임을 묻는 일은 부모다운 역할에 더 가깝다고 할 수 있
습니다. 왜 그런 일이 일어났는지를 평가하고 책임을 묻는 일은, 문제가
어느 정도 정리된 이후에 해도 늦지 않습니다.

 아이에게 문제가 생겼다면, 우선 부모는 아이가 그 문제를 충분히 생
각해 보고 해결 방법을 찾을 수 있도록 도와야 합니다. 아이가 문제를
제대로 인식하고 삶의 주체로서 해결해 나갈 수 있도록 곁에서 지원해

주세요. 그러기 위해서는 부드러운 사랑의 태도를 유지하면서, 어디까지 개입하고 언제까지 기다려 줄 것인지 판단해야 합니다. 문제의 원인을 아이에게서만 찾고 성급하게 비난한다면 아이는 자신을 방어하느라 자기반성의 기회를 잃게 됩니다. 그러니 더디더라도 자신의 속도와 방식으로 문제를 해결할 수 있도록 기다려 주세요.

2) 선택권을 가진 부모

다음은 두 번째 물음과 관련하여 '선택권(option)'에 대해 생각해 보겠습니다. 하나의 문제가 발생했을 때, 그 문제를 해결하기 위한 방법은 생각보다 다양합니다. 그러나 우리는 종종 여러 선택지 중 가장 적절한 방안을 숙고하기보다, 자동적으로 반복해 온 비교적 익숙한 방식으로 대응합니다. 그러한 대응은 때로는 문제를 해결하지만, 오히려 상황을 악화시키기도 합니다.

예를 들어, 아이가 마트에서 계획에 없던 값비싼 장난감을 사 달라고 떼를 쓸 때를 떠올려 보십시오. 부모는 엄하게 야단칠 수도 있고, 아이처럼 감정적으로 반응할 수도 있으며, 안아서 달랠 수도 있고, 다른 대안을 제시할 수도 있습니다. 어떤 행동이 옳고 그른지를 떠나, 선택지는 여러 가지입니다. 그리고 그 선택의 권한은 부모 자신에게 있습니다. 문제는 그 순간 '감정'에 휘둘리거나, '마땅히 그래야 한다.'는 신념에 사로잡힐 때입니다. 그러한 상태에서는 문제 해결에 도움이 되는 이성적 판단과 자율적 선택을 하기가 어려워집니다.

아이와 함께 살아가다 보면 다양한 문제를 마주하게 됩니다. 그때마다 전문가나 AI의 의견을 묻고 그대로 따를 수는 없습니다. 그들이 제공하는 정보는 하나의 '표준'이 될 수는 있지만, 지금-여기에 꼭 맞는 '맞춤'의 답이 되기는 어렵습니다. 낯설고 불편하더라도, 선택권이 나에게 있음을 인식하는 연습이 필요합니다. 지금-여기에서 부모인 내가 어떤 판단을 하고 어떤 행동을 할 것인지를 스스로 결정해 보는 훈련이 중요합니다. 지금 당장은 자신을 좋은 선택을 하는 부모라고 인정하기 어려울 수도 있습니다. 그러나 실수 했다면 그 결과를 바탕으로 다음에는 더 나은 선택을 하면 됩니다. 그것으로도 충분합니다. 부모 자신의 사고 능력을 신뢰하고, 선택권을 가진 자율적인 부모로 살아가 보시기를 바랍니다. 완벽하게 해내는 것보다, 기꺼이 선택하고 책임지는 경험이 부모를 더욱 성장시킬지도 모릅니다.

어른다움은 현실의 문제를 해결하는 데 분명 도움이 됩니다. 그러나 그렇다고 해서 늘 어른답기만 해서는 곤란합니다. 정보를 수집하고 이성적·논리적으로 판단하는 데만 집중해 기계적으로 행동한다면, 부모와 자

녀의 관계는 차갑고 멀게 느껴질 수 있습니다. 저희 아이가 생후 14개월이 되었을 무렵, 인근 어린이집에 아이를 맡기고 저는 제가 운영하던 어린이집으로 서둘러 출근해야 했습니다. 저녁이 되어 급히 집으로 돌아오며, 저는 마음속으로 늘 이렇게 되뇌곤 했습니다. "엄마답게 굴어야지. 선생님처럼 굴지 말아야지."

가정에서 저는 아이에게 필요한 환경을 마련하는 데에는 엄격했고 돌봄은 따뜻하게 했습니다. 때때로 지도가 필요하거나 교육적인 개입이 필요한 순간에 선생님처럼 행동하기도 했지만 가르침보다는 돌봄에 조금 더 무게를 두었습니다. 하루 종일 어린이집에서 가르침을 받았을 아이를 생각하면, 가정에서는 따뜻한 돌봄이 필요하다고 생각했습니다. 저는 10년 동안 아이들에게 '선생님'이라는 이름으로 불려 왔지만, 우리 아이에게만큼은 '엄마'로 불립니다. 아이가 자라 일곱 살이 되었을 때, 농담처럼 저를 "손두란 선생님"이라고 부른 적이 있습니다. 그 말 한마디에 아이와 저 사이가 한없이 멀어진 듯한 기분이 들어 몹시 서운했던 기억이 있습니다.

아무리 어린이집과 유치원에서 아이들을 돌봐준다 해도 가정의 사회적 온도와 기관의 사회적 온도는 다를 수밖에 없습니다. 전사가 하루 종일 전쟁터에서 장렬하게 싸우고 돌아왔다면 다시 나가기 전까지 충분히 먹고 쉬어야 합니다. 인생의 첫 사회생활을 경험하고 돌아온 아이를 위해 부모가 해야 할 일은 충분히 먹이고 마음 편히 쉬게 하여 내일 또 세상을 향해 나아갈 힘을 채워 주는 것입니다. **더 반듯한 아이로 키우기 위해 가정에서까지 가르치고 훈련시키느라 아이와의 관계를 잃지 않기를 바랍니다.**

아이다움,
자신을 잃지 않으면서도 타인을 존중하기

부모 역할에 아이다움은 과연 쓸모없는 것일까요? 부모가 아이를 잘 키우기 위해 가장 먼저 해야 할 일은 '관찰'입니다. 관찰은 부모 역할을 어디에서부터 시작해야 할지를 결정하는 데 필요한 정보를 얻기 위한 과정입니다. 만약 우리 아이에 대한 충분한 관찰 없이, 육아서나 SNS에 떠도는 정보만을 바탕으로 월령에 맞춘 육아를 한다면 오히려 양육은 더 어려워질 수 있습니다. 이제는 "아이들이 다 비슷하지, 특별한 아이가 어디 있어?"라고 단정하는 부모는 많지 않을 것입니다.

저는 어떤 대상을 깊이 관찰하는 한 가지 방법이 '비교'라고 생각합니다. 완벽하다고 정의된 표준을 앞에 두고 아이를 그 기준에 맞추어 관찰하는 일은 위험할 수 있습니다. 그러나 여러 아이들 사이에서 아이의 특성과 속도를 있는 그대로 살펴보는 경험은 '모두가 다르다.'는 사실과 '모두가 소중하다.'는 가치를 깨닫게 합니다. 그러한 비교는 관찰을 위한 좋은 통로가 될 수 있습니다. 관찰은 단순히 아이의 수준을 평가하기 위한 일이 아닙니다. 관찰은 내 아이를 위한 맞춤 양육의 지도를 그리기 위한 첫 단계입니다.

 '관찰'을 잘하기 위해서는 부모에게도 아이다움이 필요합니다. 아이들은 자신의 감정과 생각과 행동을 있는 그대로 받아주는 사람 앞에서 자신을 솔직하게 드러냅니다. 따라서 아이의 눈높이에서 함께 느끼고 생각하고 행동할 수 있는 어른이 아이를 가장 잘 이해할 수 있습니다. 그런데 생각해 보면 우리는 어린 시절부터 자신을 감추는 법을 배워 왔습니다. 기쁨과 분노, 슬픔과 두려움 같은 진정한 감정은 때로 통제되고 억압되어야 했습니다.

 "화내지 말고 기분 좋게 말해야지."
 "울지 말고 말로 해야지."
 "뭐가 무섭다고 그래. 그것도 하나 못 해서 뭐가 되겠니."

 이러한 말을 듣고 자란 우리는 착한 아이가 되기 위해 그리고 부모 곁에 안전하게 머물기 위해 감정이라는 신호를 무시하고 억눌렀을지도 모릅니다. 그러나 부모가 자신의 감정을 억누르고 욕구를 외면한다면 아이의 감정과 욕구 또한 보지 못하게 됩니다. 내 안의 감정을 마주한 적이 없는 사람이 타인의 감정을 이해하고 공감하는 일은 쉽지 않습니다. 아이다움은 어른이 되거나 부모가 되었다는 이유로 버려야 할 것이 아닙니다. 부모가 아이다움을 잃지 않을 때 자신의 감정과 욕구를 수용하며 자신을 돌볼 수 있습니다. 그리고 그렇게 자신을 돌보고 사랑해 본 경험을 바탕으로 자녀를 더 깊이 이해하고 사랑할 수 있습니다.

정리하자면, 아이다움이란 '나다움'을 잃지 않는 것이며 동시에 '너다움'을 존중하는 태도입니다. 우리는 아이다움을 통해 혼자가 아니라 함께일 수 있고 서로가 서로를 건강하게 존재하도록 도울 수 있습니다. 타인과 어울려 살아가는 모든 이에게 아이다움은 필요하고 중요합니다. 자신을 적절히 드러낼 줄 알고, 동시에 타인에게도 적절히 맞출 수 있는 '나도 옳고 너도 옳다'는 긍정적인 인생 태도로 살아가시기를 바랍니다.

부모의 아이다움과 아이의 아이다움이 만나 즐겁게 교류할 때, 오히려 어려운 문제들도 한결 수월하게 풀릴 수 있습니다. 관계를 단단히 다져 가는 것만으로도 어떤 문제들은 애초에 생겨나지 않을 수 있습니다. 좋은 관계는 윤활유와 같습니다. 복잡하게 꼬인 매듭도 부드럽게 풀어내는 힘이 있습니다. 그러니 부모 혹은 어른으로서의 무게를 때로는 잠시 내려놓고, 아이와 아이답게 마주해 보시기 바랍니다. 아이다움은 나약하거나 부끄러운 태도가 아닙니다.

'좋은 부모'는
유연한 부모입니다

　부모 혹은 영유아 교사들과 성격을 주제로 워크숍을 진행해 오면서, 많은 이들이 부모다움 하나만을 붙잡은 채 현장과 가정에서 버텨 내고 있음을 알게 되었습니다. 부모다움과 어른다움, 아이다움은 고정된 성격이 아니라 하나의 '모드'입니다. 우리는 부모이든 아니든, 하루에도 몇 번씩 이 세 가지 모드를 넘나들며 살아갑니다. 무지개의 색이 뚜렷한 경계 없이 이어지듯, 이 세 가지 모드 또한 상황과 쓰임에 따라 다양하게 나뉠 수 있습니다. 결국 아이를 잘 키우고 타인과 건강하게 어울려 살아가기 위해서는 올곧은 '지조'보다 상황에 따라 모드를 자유롭게 넘나드는 '유연함'이 필요합니다.

　부모답다는 것은 사랑이 필요한 누군가를 따뜻하게 돌볼 수 있고 질서와 안전을 위해 필요한 규칙을 안내하며 친절하게 지도할 수 있음을 말합니다. 아이다움이란 자신의 감정과 욕구를 잘 알고 적절한 방식으로 표현할 수 있으며 타인의 감정과 욕구도 존중할 수 있음을 뜻합니다. 그리고 이러한 부모다움과 아이다움을 때와 장소에 맞게 적절히 활용할 줄 아는 사람을 우리는 어른답다고 말합니다.

'울다가 웃으면 엉덩이에 뿔난다.'라는 속담은 한동안 제 교사 생활을 혼란스럽게 만들었습니다. 그 말은 제게 '감정은 억제하고 늘 성숙하게 행동해야 한다.'는 교훈처럼 들렸습니다. 제가 한 아이에게 규칙을 설명하느라 심각한 표정을 짓고 있는데, 다른 아이가 달려와 자신이 만든 멋진 놀잇감을 자랑할 때가 있었습니다. 마음으로는 활짝 웃어 주고 싶었지만, 긴장된 감정이 쉽게 이완되지 않아 어색하고 부끄러웠던 기억이 많습니다.

부모의 역할도 크게 다르지 않습니다. 하루 종일 아이와 단둘이 지내다 보면 혼자서 여러 역할을 감당해야 합니다. 함께 울고, 웃고, 타이르고, 주의를 주고, 고마워하는 등 다양한 모드로 오가다 보면 '내가 정상인가?' 하는 생각이 들 때도 있습니다. 아마도 인간은 늘 안정되고 일관된 상태를 바라는 존재인지도 모릅니다.

'카멜레온 같다'는 말은 사람에 따라 행동과 태도를 달리하는 이를 가리키며, 흔히 변덕스럽거나 지조가 없다는 의미로 사용됩니다. 저와 마찬가지로 많은 부모들도 열심히 육아를 하다 보면 자신이 '카멜레온'처럼 느껴질 때가 있을 것입니다. 그러나 저는 오히려 카멜레온처럼 상황과 아이의 요구에 따라 적절하게 행동과 태도를 조절할 수 있는 유연함이 부모에게 필요한 자질이라고 생각합니다. 그러니 한 가지 일관된 모드로 부모 역할을 고정하지 않기를 바랍니다. 육아라는 전투에서 하나의 무기만으로 맞선다는 것은 부모 자신에게도 버거운 일입니다. **상황에 맞게 다양한 무기를 꺼내 쓸 수 있는 유연함, 그것이 곧 좋은 부모로 역할을 하기 위한 효과적인 전략입니다.**

1장을 통해 부모다움에 대한 오해와 편견에서 벗어나 어떤 태도로 부모라는 자리를 지켜 나갈 것인지 방향을 세웠다면, 2장에서는 아이의 발달 단계에 따른 육아 전략을 살펴보겠습니다. 아이들은 놀라울 만큼 빠른 속도로 발달의 계단을 밟아 올라갑니다. 한 단계에 적응해 육아가 다소 수월해졌다 싶으면 아이는 어느새 다음 단계로 훌쩍 올라가 있습니다. 아이의 성장에 따라 부모의 역할도 달라져야 하지만 그 빠른 속도를 따라가기는 쉽지 않습니다. 그래서 2장에서는 저희 아이의 성장 이야기를 바탕으로 발달 단계마다 아이가 성장하기 위해 들어야 할 메시지를 소개하겠습니다.

2장   말 한마디가 아이를 성장시켰습니다

2장 요약 : 아이들은 매우 빠른 속도로 성장합니다. 자연스러운 발달의 흐름을 보이는 아이와 맞서 싸우거나, 부모의 조급함으로 아이의 발달을 무심코 깎아내리지 않으려면 부모에게는 발달에 대한 이해가 필요합니다. 그러나 인간의 발달을 온전히 이해하는 일은 결코 쉽지 않습니다. 따라서 이 장에서는 각 발달 단계에서 부모가 아이를 도울 수 있는 '긍정적 지지어'를 중심으로 발달을 보다 쉽게 이해하고 실천적으로 지원하는 방법을 안내하고자 합니다.

2장 대표 키워드 :

발달 단계, 긍정적 지지어

독자를 향한 짧은 질문 :

부모가 주는 어떠한 메시지가 아이를 성장하게 만들까요?

발달 단계의 이해와
긍정적 지지어

교육 현장에서 아이를 돌보고 부모를 도우며, 저는 종종 이런 생각을 하곤 했습니다.

"이 아이는 지금 자신의 인생에서 어디쯤을 살아내고 있을까?"
"이 부모는 자녀의 발달에 따른 자연스러운 변화를 왜 이렇게 견디기 어려워할까?"

아이 역시 발달에 적합한 성장을 보이고, 부모의 양육 태도에 큰 문제가 없음에도 불구하고 유독 육아가 힘들게 느껴지는 '시기'가 있습니다. 저는 그 이유가 아이가 발달의 한 단계를 지나 다음 단계로 넘어가는 과도기, 곧 단계와 단계 사이에 있지 않은가 생각합니다.

특히 영아기에는 발달의 단계가 매우 빠르게 변화합니다. 그에 따라 부모의 역할 역시 함께 달라져야 하는데, 이러한 변화에 적응하는 과정이 부모에게는 유독 힘겹게 느껴질 수 있습니다. 아이가 발달에 따라 성장하며 보이는 힘과 의지는 생각보다 강합니다. 그것은 마치 아스팔트를 뚫고 고개를 내미는 새싹처럼 경이롭게 느껴지기도 합니다. 그러나 그러한 힘과 의지, 노력을 발달의 특성으로 이해하지 못한다면 부모의 눈에는 아이의 행동이 '문제행동'처럼 보일 수 있습니다. 실제로 현장에서 "원장님, 우리 아이가 갑자기 이상한 행동을 해요."라며 상담을 요청하는 부모님들을 자주 만났습니다. 자연스러운 발달의 흐름 속에 있는 아이와 맞서 싸우거나 그 성장을 무심코 깎아내리지 않으려면 부모에게는 발달에 대한 이해가 필요합니다.

인간의 발달을 이해하는 일은 교육 현장에서 일하는 전문가에게조차 끊임없이 배우고 익혀야 하는 어려운 과제입니다. 그렇다면 일반적인 부모가 인간 발달에 대해 깊이 이해하고 그에 맞추어 아이를 완벽하게 양육하려는 일은 부모에게 지나치게 큰 부담이 될 수 있습니다. 그래서 이 책에서는 발달 단계의 이론을 세밀하게 배우는 데 초점을 두기보다 각 단계에서 우리 아이들이 꼭 들어야 할 메시지를 중심으로 발달을 이해하고 지원하는 방법을 풀어 보고자 합니다.

제가 교류분석 상담 이론을 바탕으로 한 부모교육을 공부하고 연구하며 큰 도움을 받았던 책이 있습니다. 바로『부모와 자녀의 성장을 위한 비밀열쇠』[3]라는 책입니다. 이 책에서는 발달의 각 단계에서 아이들이 들어야 할 말을 '긍정적 지지어'라는 개념으로 소개합니다. **'긍정적 지지어'란 아이들이 각 발달 단계의 과업을 성취하는 데 도움이 되는 긍정적인 메시지라고 할 수 있습니다.** 저는 이 '긍정적 지지어'를 아이를 출산한 지 얼마 되지 않아 접하게 되었습니다. 덕분에 아이의 성장에 맞춰 발달을 돕는 '긍정적 지지어'를 충분히 들려줄 수 있었고, 아이는 몸과 마음이 건강한 아이로 자랄 수 있었습니다.

저는 이 소중한 문장들을 아이와 함께 바닷가에서 주워 온 조개껍데기에 적어 두었습니다. 그리고 그것을 보드라운 사랑 주머니에 넣어 두었다가 아이에게 꺼내어 읽어 주곤 합니다. 그 말을 들은 아이는 세상에서 가장 밝고 맑은 표정을 하고 저를 바라봅니다. 아이를 사랑하고 지지하고자 하는 제 마음을 세찬 파도에 깎여 둥글게 다듬어진 작은 조개껍데기에 얹어 전해 보는 것입니다. 그러한 시간을 통해 사랑은 마음속에만 담겨 있다고 저절로 전해지는 것이 아니라는 사실을 깨달았습니다. 무슨 말을 하고 어떤 방식으로 표현하느냐에 따라 사랑의 크기와 진심이 전해지는 깊이는 달라집니다. 이를 깨닫지 못했을 때에는 다른 사람

---

3) 부모와 자녀의 성장을 위한 비밀열쇠(2021), Jean Illsley Clarke & Connie Dawson 공저, 박미현·전우경·이영호 공역, 학지사

들이 제 진심을 알아주지 않는 것 같아 혼자 서운해한 적도 많았습니다. 하지만 아이를 키우며 알게 되었습니다. 사랑은 표현할 때 비로소 존재한다는 사실을요. 아무리 마음속에 큰 사랑을 품고 온 힘을 다해 돌보아도 그 사랑이 아이에게 전해지지 않을 수도 있습니다. 아이의 성장을 돕는 사랑의 말을 건네는 일, 그것 또한 교사이자 부모가 해야 할 중요한 역할입니다.

이 장에서는 제가 아이를 품고 출산한 뒤 만 6년 동안 아이에게 들려주었던 '긍정적 지지어'를 소개하려 합니다. **아이가 진심으로 듣고 싶어 하는 말을 따라가다 보니 아이라는 존재와 그 아이가 살아가는 세계가 있는 그대로 맑게 보였습니다.** 그러니 이 책을 읽는 동안만큼은 아이에 대해 이미 알고 있다고 여겼던 지식과 관념을 잠시 내려놓고 열린 마음으로 함께해 주시기를 부탁드립니다.

임신~출산 전 :
"이곳은 안전한 곳이란다."

'내가 잘 자라고 태어나기에 이곳은 안전할까?'

이 시기의 태아는 생존과 관련된 근원적인 감각을 형성합니다. 자궁의 환경이 안전한지, 엄마가 자신에게 보내는 메시지가 따뜻한지, 엄마가 타인과 맺는 관계가 편안한지 등을 감각적으로 경험하며 자신의 삶에 대한 기본적인 방향을 정해 갑니다.

💬 "아가야, 네가 우리에게 와 준 것이 너무 기쁘단다."

임신 사실을 알게 되었을 때 제가 가장 먼저 느낀 감정은 기쁨이었습니다. 여동생이 먼저 출산을 준비하고 있었던 영향도 있었고, 결혼 후 3년 동안 임신을 미루며 어린이집 원장 자격 연수와 석사 논문 인준이라는 과제를 모두 마친 뒤였기에 '이제는 임신해도 괜찮다'는 스스로의 허락이 있었기 때문이기도 합니다. 지금 돌아보면, 그때의 임신은 제가 해내야 할 또 하나의 과업처럼 여겨졌던 것 같습니다. 그래서 제가 느꼈던 기쁨은 온전한 환희라기보다 어쩌면 성취감에 더 가까웠는지도 모릅니다. 어쩌면 나 자신의 커리어를 위해 임신을 3년이나 미룬 것에 대한 죄책감이 섞여 있었는지도 모르겠습니다.

임신과 출산에 대한 경험이 없었던 그 시절에는, 아이가 생긴다는 일이 얼마나 특별하고 위대한 일인지 충분히 알지 못했습니다. 만약 지금 다시 아이를 맞이하게 된다면, 하나의 고유한 세계가 우리에게 왔다는 사실만으로도 진심으로 기뻐할 것 같습니다. 그때는 온전히 기쁨을 전하지 못했지만, 지금이라도 그 마음을 담아 아이에게 자주 말해 줍니다.

"강이가 엄마 아빠의 아이로 와 준 것이 정말 고마워."

아이는 올봄이면 초등학교에 입학할 만큼 자랐지만, 여전히 이 사랑의 말을 들으면 태아처럼 편안한 미소를 짓고 행복해합니다.

🖤 "오늘도 건강하게 있어 줘서 고마워."

어린이집에서 보육교사로 일하던 중 임신을 했기에, 출산 휴가를 받을 수 있는 날까지 건강하게 근무하고 싶었습니다. 스무 명 남짓한 아이들을 돌보고 어린이집의 여러 업무를 수행하던 어느 날, 하혈을 경험했습니다. 혹시 내가 스스로의 건강을 충분히 살피지 못해 아이를 위험한 상황에 놓이게 한 것은 아닌지 두렵고 미안한 마음이 들었습니다. 임신을 유지하기 위해 입원 치료를 받아야 했고 책임감을 가지고 일하던 직장도 그만두어야 했습니다. 갑작스러운 퇴사로 아이들과 부모님, 그리고 동료들에게 큰 부담을 남긴 것은 아닐지 마음이 무거웠지만 생명을 지키는 일 앞에서는 다른 선택이 없었습니다.

임신 초기를 병원에서 보내고 퇴원해 집으로 돌아온 뒤에는 매일 아이에게 이렇게 인사했습니다.

"오늘도 건강하게 있어 줘서 고마워."

그리고 아이가 보내는 작은 신호에도 더 귀 기울이려 노력했습니다. 그동안 유치원과 어린이집에서 늘 눈앞에 있는 아이들을 돌보아 왔는데 이제는 보이지 않는 내 안의 작은 존재를 위해 나 자신을 돌보아야 한다는 사실이 낯설기도 하고 부끄럽기도 했습니다. 하지만 아이를 위해서는 엄마인 제가 잘 먹고, 잘 쉬고, 마음을 편안히 유지하는 일이 무엇보다 중요하다는 것을 깨달았습니다. 그래서 아이를 위해 그리고 나 자신을 위해 스스로를 돌보는 연습을 시작했습니다.

💟 "아가야, 네가 세상에 나올 준비가 되었을 때 나오렴."

출산 방법을 두고 자연분만과 제왕절개 사이에서 고민하는 산모들이 많지만 저의 경우에는 건강상의 이유로 선택의 여지없이 제왕절개를 해야 했습니다. 초조하게 진통을 기다릴 필요도 없이 의사의 안내에 따라 수술 날짜와 시간을 정하게 되었습니다. 그러나 아이는 우리가 임의로 정한 시간에 그대로 따르지 않았습니다. 자신의 시간에 맞추어 세상에 나올 신호를 먼저 보내왔습니다.

"엄마, 저 이제 나가도 될까요?"

다음 날 아침으로 수술이 예정되어 있었지만 자정이 가까워질 무렵 혈압이 급격히 오르고 호흡 곤란과 두통이 심해져 급히 간호사를 불렀습니다. 의료진은 제 상태를 살핀 뒤 더 이상 수술을 미룰 수 없다고 판단했습니다. 갑작스러운 수술 준비로 두려움이 밀려왔고 차가운 수술대 위에 누운 저는 마취과 의사에게 "선생님, 무서워요."라는 말만 되풀이했습니다. 난생처음 느껴보는 서늘한 공기와 깊은 두려움이 온몸을 감싸고 있었습니다.

지금 돌아보면 아쉬운 점이 있습니다. 그 순간 엄마인 저는 제 두려움에만 사로잡혀 있었다는 사실입니다. '아가야, 네가 세상에 나올 준비가 다 되었구나. 그래, 어서 만나자.' 하고 따뜻하고 힘 있게 말해 주지 못한 것이 여전히 부끄럽고 아쉽습니다. 저 역시 엄마가 처음이었으니 어쩔 수 없었던 시간인지도 모릅니다. 그러나 엄마라는 존재 하나를 믿고 큰 위험을 감수하며 처음 세상에 나오는 아기에게 엄마가 편안하고 따뜻한 말로 탄생을 허락하고 환영해 준다면 그 아이는 얼마나 큰 힘을 얻을까요.

💟 "너의 인생은 네가 선택하는 대로 펼쳐질 거야."

우리는 출산을 준비하며 산후에 우리를 도와줄 사람을 미리 찾았습니다. 처음 세운 계획은 아이를 건강하게 출산한 뒤 저와 아기는 짧은 조리원 생활을 마치고 시골의 친정으로 가 몸조리를 하는 것이었습니다. 그리고 남편은 본격적인 육아에 앞서 6개월간 해외 연수를 다녀오기로 했습니다. 생후 6개월까지는 아기가 너무 어려 아빠의 부재를 크게 느끼지 못할 것이라 여겼고 아이가 조금 더 자라면 남편의 존재가 저와 아이 모두에게 더욱 중요해 질 것이라 판단했습니다. 그래서 아이가 어릴 때 남편이 경력 개발을 위한 해외 연수를 다녀오는 것이 좋겠다고 엄마인 제가 스스로 결정했습니다. 그렇게 우리는 출산 준비와 연수 준비를 각자의 자리에서 함께해 나갔습니다.

그러나 우리의 계획은 출산과 동시에 멈추게 되었습니다. 아이는 마치 우리의 계산이 처음부터 빗나가 있었다는 듯 세상에 나왔습니다. 아이는 선천성 기형을 안고 태어났고, 생명에 직접적인 위험은 없었지만 신생아였기에 몇 차례의 수술이 필요한 상황이었습니다. 남편은 즉시 해외 연수를 취소하고 1년간의 육아휴직을 신청했습니다. 그렇게 우리 셋은 1년이라는 시간을 오롯이 함께 보냈습니다. 자칫하면 아빠와 떨어져 지냈을 6개월을 아이가 스스로 아빠를 곁에 붙들어 둔 셈이 되었습니다. 그리고 저에게도 '엄마 혼자 하는 육아는 아니야.'라고 말하듯 남편을 곁에 두어 주었습니다.

💬 "넌 언제나 너를 위해 좋은 결정을 내릴 수 있어."

거듭되는 수술과 회복의 시간을 견디는 동안 우리는 많은 노력을 기울여야 했지만 그 와중에도 아이는 놀라울 만큼 사랑스럽게 성장해 나갔습니다. 각자의 일과 삶을 쉼 없이 달려오던 우리 부부를 처음으로 멈춰 세운 존재가 바로 아이였습니다.

어쩌면 우리는 부모 됨을 너무 단순하게 생각했던 것인지도 모릅니다. 출산과 함께 우리가 배운 것은 아이의 삶은 부모의 계획대로만 흘러가지 않는다는 사실이었습니다. 아이의 인생은 아이만의 속도와 방향으로 전개되었고 아이는 자신에게 필요한 길을 향해 최선의 선택을 해 나가는 존재처럼 보였습니다. '태아가 무슨 힘이 있어서 그런 것을 결정해?'라고 생각할 수도 있습니다. 저는 태아가 의식적으로 선택과 결정을 한다고 주장하려는 것이 아닙니다. 다만 아이를 낳고 기르는 일은 부모가 전적으로 계획한 대로 완벽하게 흘러가는 과정이 아니라는 점을 말하고 싶습니다.

그러니 완벽한 부모가 되려고 애쓰지 않아도 괜찮습니다. **어쩌면 완벽한 부모란, 육아가 결코 완벽할 수 없음을 이해하는 부모가 아닐까요.**

💬 **"아가야, 네가 어떤 모습이든 우리는 너를 사랑해."**

지금 돌이켜 보면 임신 기간 동안 태아의 건강에 문제가 있다는 사실을 알지 못했던 것이 오히려 산모와 태아 모두의 마음 건강에는 도움이 되었던 것 같기도 합니다. 몰랐기에 그 시간은 비교적 평화롭고 고요했습니다.

아이의 상황을 알게 된 뒤 지인들은 "임신 중에는 몰랐던 거야?" 하고 물었습니다. 처음에는 아이의 건강 상태를 미리 알지 못했다는 점이 못내 아쉽게 느껴졌습니다. 하지만 다시 생각해 보니 차라리 몰랐기에 더 긍정적인 마음으로 아이에게 인사를 건넸고 기쁜 마음으로 기다릴 수 있었던 것 같습니다. 물론 미리 알았다면 출산과 동시에 필요한 수술을 더 빠르게 준비할 수 있었을지도 모릅니다. 그러나 그 시간을 불안이 아니라 사랑과 기대 속에서 보낼 수 있었다는 사실은 제게 큰 의미로 남았습니다.

우리 아이와 같은 어려움을 겪는 아이들의 부모들이 정보를 나누고 서로를 위로하는 커뮤니티에 접속해 글을 읽다 보면 출산 전에 이미 아이의 상황을 알고 준비하는 부모들의 이야기들도 접하게 됩니다. 출산과 동시에 수술을 준비해야 하는 아이를 떠올리는 부모의 마음은 얼마나 아플까요. 그럼에도 서로를 격려하고 응원하며 긍정적인 다짐을 이어 가는 그 부모들의 모습은 제게 매우 위대하게 느껴졌습니다.

남들보다 조금 늦은 나이에 임신하게 되면 산부인과에서 받아야 할 검사도 많아집니다. 검사 결과를 하나하나 기다리며 '혹시 아이에게 문제가 있으면 어쩌지?' 하는 불안에 떨기도 합니다. 하지만 긍정적인 생각을 하든 부정적인 생각을 하든 시간은 결국 흘러갑니다. 그렇다면 그 시간을 초조함으로 채우기보다 '네가 어떤 모습이든 우리는 너를 사랑할 거야.'라는 마음으로 아이와 부모 자신에게 긍정의 힘을 건네 보는 것은 어떨까요. 아이에 대한 기대와 불안을 잠시 내려놓고 있는 그대로의 아이를 환영하고 받아들이는 마음을 가져 보는 것이 어쩌면 더 단단한 출발이 될지도 모릅니다.

【태아를 품고 있는 부모를 위해】

"아이가 태어난 후에도 우리는 이전의 부부관계를 유지할 수 있을까?"

이 시기의 부모는 아이를 맞이하기 위해 많은 준비를 합니다. 배냇저고리를 사고, 기저귀와 젖병, 놀잇감을 마련하며 좋은 부모가 되기를 기대합니다. 이러한 준비도 물론 중요합니다. 그러나 이 시기에는 육아로 인해 달라질 부부관계 역시 함께 생각해 볼 필요가 있습니다. 앞으로 어떻게 친밀함을 지켜 갈 것인지, 부부의 시간을 어떻게 확보할 것인지 혹은 육아를 도와줄 사람은 누구인지 미리 살피고 의논해야 합니다.

저희 부부가 아이를 키워 온 지난 시간을 돌아보면 가장 아쉬움이 남는 시기는 태내기였습니다. 아이를 잘 키워 보겠다는 마음에 미처 돌아보지 못한 것이 있었는데 그것은 다름 아닌 부부의 관계였습니다. 부모라는 새로운 역할과 부부라는 본래의 역할 사이에서 어떻게 균형을 잡을지, 육아로 지친 몸과 마음을 어떻게 돌볼지 충분히 고민하지 못했습니다. 오히려 "지금 우리에게 아이를 돌보는 것보다 더 중요한 일이 있을까?"라는 생각에 사로잡혀 나 자신과 남편을 제대로 살피지 못했습니다. 저는 있는 힘의 절반은 일에 썼고 남은 절반은 아이를 돌보는 데 썼습니다. 그러다 보니 저도 남편도 온전히 보살핌을 받지 못했습니다.

아이를 품고 있던 그때 이 점을 충분히 인식하고 대비했더라면, 육아에 모든 것을 내어준 채 서로에게 상처를 남기는 일은 조금은 줄일 수 있지 않았을까 하는 아쉬움이 남습니다. 그래서 당부드리고 싶습니다. 부모의 역할과 부부의 역할 사이에서 균형을 찾는 일은 나 자신과 배우자, 그리고 태어날 아이를 위해 매우 중요합니다. 각자가 자신의 몸과 마음을 어떻게 돌보고 에너지를 회복할지 고민하는 일은 육아용품 목록을 점검하는 일만큼이나 중요합니다.

출생~6개월 :
"환영한단다, 아가야"

'내가 여기에 존재해도 괜찮을까?
내 욕구를 표현하고 보살핌을 요청하는 일은 괜찮은 일일까?'

이 시기의 영아에게 가장 중요한 것은 생존입니다. 안전하고 위생적인 환경에서 충분히 잠들고, 잘 먹으며, 무엇보다 주 양육자의 따뜻한 살결과 부드러운 목소리를 경험해야 합니다. 이러한 반복된 경험 속에서 아이는 주 양육자와 애착을 형성합니다. 애착을 통해 아이는 세상을 신뢰할 수 있는 공간으로 인식하기 시작합니다. 그리고 그 신뢰 위에서 비로소, 자신이 이 세상에 존재해도 된다는 감각을 조금씩 배워 갑니다.

💬 "우리는 네가 여기 있어서 참 좋아."

아이가 첫 수술을 마치고 신생아중환자실(NICU)에 머물러 있던 시간, 우리는 매일 빠짐없이 병원을 찾아 30분간 허락된 면회를 꼭 지켰습니다. 의료진의 노력 덕분에 아이는 점차 건강을 회복했고, 생후 17일 만에 비로소 집으로 데려올 수 있었습니다.

집으로 돌아온 아이와 함께하는 1분 1초는 그 자체로 기쁨이었습니다. 두 시간마다 잠에서 깨어 수유를 해야 하는 일이 결코 쉽지는 않았지만 제 손으로 아이를 먹일 수 있다는 사실만으로도 감사했습니다. 매 순간 아이를 배 위에 올려 따뜻하게 품고, 쓰다듬고, 먹이고, 재웠습니다. 아이가 우리 곁에 있다는 사실만으로 충분했습니다.

💬 "너의 모습 그대로가 참 좋아."

아픔을 안고 우리에게 온 아이 덕분에, 저희 부부는 아이의 건강과 존재만으로도 감사할 줄 아는 부모가 되었습니다. 공립학교에서 영어를 가르치는 남편과 유아교육에 열정을 쏟아 온 저는 어쩌면 아이에게 얼마나 큰 기대와 욕심을 품고 있었을까요.

아이를 출산한 뒤 만 2년 동안 외과 수술이 이어졌고 그 이후에도 아이의 회복과 일상을 돕기 위한 노력은 계속되었습니다. 쉽지 않은 시간이었지만 그 시간은 저희가 아이를 바라보는 기준을 조금씩 바꾸어 놓았습니다. 이제는 또래 아이들과 견주어도 다름없는 건강한 모습으로 자라

주었습니다. 그러나 저희 부부가 지키고 싶은 것은 여전합니다. 아이를 어떤 조건이 아닌 존재 자체로 사랑하고 인정하며 돌보는 일입니다.

💬 "느껴지는 대로 느껴도 괜찮아. 엄마와 아빠는 네가 필요한 것이 무엇인지 알고 싶어."
💬 "우리와 함께 있는 이곳은 안전하단다."

첫 수술의 회복 이후 다음 과제는 생후 100일 무렵까지 체중을 5kg으로 늘려 두 번째 수술을 준비하는 일이었습니다. 분명한 목표가 있었지만 그 목표를 위해 아이를 계획표에 맞추어 먹이고 재우지는 않았습니다. 수유와 수면을 빠짐없이 기록했으나 신생아의 '수유 텀'과 '수면 텀'이라는 기준에 아이를 억지로 끼워 맞추려 하지는 않았습니다.

대신 우리는 아이의 울음에 온전히 귀 기울였습니다. 배고픔의 울음, 기저귀를 갈아 달라는 울음, 심심해 함께하고 싶다는 울음은 조금씩 다른 결을 지니고 있었습니다. 그 차이를 알아차리며 민감하고 일관되게 반응하려 애썼습니다. 아이의 신호에 부모가 반복해서 응답할 때, 아이는 자신이 보낸 메시지가 닿고 있다는 것을 배우게 됩니다. 그 경험이 쌓이며 부모와 아이 사이에는 애착이 형성되고, 아이는 세상을 안전하고 신뢰할 수 있는 공간으로 인식하게 됩니다.

혹시 규칙적으로 먹이고 재우겠다는 목표 때문에 아이가 보내는 신호를 놓치고 있지는 않을까요? 아직 아이가 신호를 보내지 않았는데도 부모가 계획한 일과표에 따라 수유와 수면, 놀이를 기계적으로 제공하고 있지는 않은지 돌아볼 필요가 있습니다. 시간표에 맞춰 아이가 먹고 자지 않으면 부모는 쉽게 '혹시 아이에게 문제가 있는 건 아닐까?' 하고 염려하게 됩니다. 그러나 너무 서둘러 걱정하기보다 '지금은 먹고 싶지 않은가 보다' 하고 생각해 보는 것은 어떨까요? **아이가 원하는 것은 시간에 맞추어진 균일한 돌봄이 아니라, 자신의 신호에 되돌아오는 따뜻한 응답입니다.** 신호를 보내면 누군가가 알아차리고 반응해 준다는 경험 속에서 아이는 자신과 타인을 신뢰하는 법을 배워 갑니다.

육아 고수나 유명한 소아과 의사가 전하는 조언도 분명 의미가 있습니다. 그러나 그보다 앞서야 할 것은 우리 아이가 지금 보내고 있는 신호입니다. 관찰에 기반하지 않은 돌봄은 아이를 중심에 둔다고 말하기 어렵습니다. 육아는 정답이 정해진 놀이가 아닙니다. 다른 아이와 우리 아이를 비교하거나 다른 부모의 방식과 우리의 방식을 견주기보다 우리 아이를 더 깊이 바라보는 일이 먼저입니다. 아이가 보내는 신호를 알아차리고 그 의미를 민감하게 읽어 내는 능력에 집중해 보았으면 합니다. **기성복보다 맞춤복이 몸에 더 잘 맞듯이 육아 또한 표준화된 틀을 따르는 것보다 우리 아이에게 맞추어 가는 과정이 더욱 값지고 효과적입니다.**

💬 "너를 사랑해, 우리가 너를 잘 보살펴 줄게."

저희 부부는 아이가 배밀이를 시작하기 전까지 가능한 한 품에 안고 노래를 불러 주고 책을 읽어 주는 데 마음을 쏟았습니다. '목을 조금 더 빨리 가누었으면', '딸랑이를 제대로 움켜쥐었으면', '옹알이를 일찍 시작했으면' 하는 기대를 앞세우기보다 부모의 목소리를 충분히 들으며 따뜻한 스킨십 속에서 안정감을 느끼고 먹고 잘 수 있기를 바랐습니다. 어차피 발달의 다음 단계가 오면 아이는 스스로 몸을 움직이기 시작할 것입니다. 그때가 되면 시키지 않아도 손과 발을 부지런히 움직이고, 물건을 잡고 쥐고 입에 가져가며 세상을 탐색하는 일에 몰두하게 될 것입니다.

이 시기에는 대부분의 시간을 '소리'와 '촉감'으로 아이와 함께 보냈습니다. 아이에게는 주로 〈옹달샘〉과 〈숲속 작은 집 창가에〉를 불러 주었는데, 특별히 발달에 도움이 된다고 해서라기보다 그저 자연스럽게 떠오르는 노래였기 때문입니다. 우리의 목표는 무엇보다 부모의 목소리를 충분히 들려주어 안정감과 유대감을 키워 주는 것이었습니다. 그러나 끊임없이 말을 건네는 일이 생각처럼 쉽지 않아 노래로 그 자리를 대신하곤 했습니다. 그림책도 마찬가지였습니다. 노랫말이 글이 된 책이나, 글이 짧고 운율이 살아 있는 그림책을 골라 노래하듯 읽어 주었습니다. 아이는 이억배 작가님의 『잘잘잘 123』을 특히 좋아했는데 누구에게나 익숙한

〈잘잘잘〉 노랫말에 한국적인 그림이 더해진 정감 있는 책이었습니다.

늘 엄마 배 위에 누워 엄마와 아빠의 목소리를 들으며 놀던 아이에게 바운서나 쿠션은 그다지 매력적이지 않았습니다. 책이나 스마트폰에서 흘러나오는 기계음보다 부모의 목소리가 더 따뜻하고 반가웠기 때문입니다. 출생 이후 6개월 동안 우리는 아이의 '배꼽시계'와 하품의 신호, 놀이의 리듬에 맞춰 특별할 것 없는 일상을 보냈습니다. 완벽한 계획 대신 그저 아이의 속도에 맞추어 살아간 시간이었습니다.

'육아는 템빨'이라는 말이 있습니다. 육아를 돕는 아이템의 질이 중요하다는 뜻일 것입니다. 그러나 저는 이 말에 전적으로 기대고 싶지는 않습니다. 그렇다고 좋은 육아용품이 쓸모없다는 뜻은 아닙니다. 저희 역시 몸이 지치고 손이 부족할 때 이른바 '국민 육아템'의 도움을 받았습니다. 다만 이 시기에 가장 큰 역할을 해 준 것은 부모의 몸과 목소리였습니다. 아이의 발달을 가장 깊이 도운 것은 특별한 도구가 아니라, 곁에 머무는 사람의 온기였습니다.

"안아서 키우면 아이가 손을 타서 돌보기 힘들어진다"라는 말을 종종 듣습니다. 그러나 저는 그 말에 쉽게 동의하기 어렵습니다. 생후 6개월은 아이가 엄마의 몸에서 물리적으로 분리되면서도 정서적으로는 새롭게 연결되어야 하는 시기입니다. 이 시기의 신생아는 그저 품에 안기고 따뜻한 말을 들으며 세상에 온 것을 매일 환영받아야 마땅합니다. 출산이라는 힘들고 어려운 과정을 무사히 지나 다시 만나게 된 일은 그 자체로 대단합니다.

머지않아 아이는 스스로 행동하고 생각하며 부모로부터 독립할 것입니다. 아이는 결국 떠나보내기 위해 키우는 존재라고들 하지만 독립과 적응은 지금의 발달 과업이 아닙니다. 이 시기에는 생존과 신뢰 그리고 **애착을 형성하는 것만으로도 충분합니다.**

💬 **"아가야, 너만의 속도대로 자라도 충분해."**

목을 가누는 시기나 배밀이, 곤지곤지와 쩜쩜이 조금 늦다고 해서 아이의 발달을 지나치게 염려할 필요는 없습니다. 반대로 "우리 아이는 또래보다 빠르다"는 말로 육아의 성취를 드러낼 필요도 없습니다. 이 시기는 발달 속도에 개인차가 크게 나타나는 때입니다. 그래서 속도보다 중요한 것은 밀도입니다. 아이가 얼마나 빨리 해내는가보다 얼마나 깊이 신뢰를 형성하고 애착을 쌓아 가는지가 더 중요한 지표가 됩니다. 눈에 보이는 행동의 결과보다 눈에 보이지 않지만 관계 속에서 단단히 자라는 애착과 신뢰를 중요하게 생각해 주세요.

그저 "너만의 속도대로 자라면 충분해"라는 말로, 이 세상에 온 아이를 환영하고 인정해 주었으면 합니다. 수많은 부모 가운데 우리를 선택해 와 준 존재라는 사실에 기쁨과 감사를 표현해 보세요. 저와 아이는 종종 이런 말을 주고받습니다. "네가 엄마 아들이어서 참 좋아." "엄마가 내 엄마라서 좋아." 그 말 한마디면 충분하다는 생각이 듭니다. 아이를 사랑하는 이유는 발달이 빠르기 때문도 외모가 반듯하기 때문도 아닙니다. 그저 내 아이이기 때문에 소중하고 사랑스럽습니다. 행동의 성취가 강조되는 발달 단계는 이 시기를 지나 생후 6개월 전후부터 서서히 시작될 것입니다. '천천히 컸으면 좋겠다'는 아쉬움이나 '빨리 컸으면 좋겠다'는 조급함 대신, 이렇게 말해 보는 것은 어떨까요?

　　"네 속도대로 자라도 괜찮아. 어떤 모습의 너라도 우리에게는 모두 사랑스러워."

【존재하기 단계의 신생아를 키우고 있는 부모를 위해】

'내가 아기를 돌보듯이 나를 똑같이 돌봐줄 누군가가 곁에 있는가?'

신생아를 돌보는 부모 역시 누군가의 돌봄이 필요한 존재입니다. 부모님이든, 산후 도우미든 좋습니다. 도움을 받는 일을 주저하지 않아도 됩니다. 있는 그대로의 나를 존중해 주고 보살펴 주는 사람과 함께할 때, 부모 또한 비로소 안정 속에서 설 수 있습니다.

저는 아이가 대학병원으로 이송되어 수술을 받고 중환자실에 머무는 동안 조리원 생활을 하지 못했습니다. 대신 남편이 육아휴직을 하고 저와 아이 곁을 지켜 주었습니다. 그 덕분에 몸과 마음을 비교적 빠르게 회복할 수 있었고, 이후 재취업을 준비할 여력도 가질 수 있었습니다.

보통은 조리원에서 회복의 시간을 보낸 뒤 가정으로 돌아와 산후 도우미의 도움을 받으며 아이 돌봄과 가사를 이어 갑니다. 방법은 달라도 괜찮습니다. 이 시기에는 '혼자서도 할 수 있다'는 다짐보다 '도움을 받아도 된다'는 허락이 더 필요합니다.

　도움을 받겠다는 마음을 스스로에게 허락해 보세요. 그리고 기댈 수 있는 누군가를 떠올려, 조심스럽게 손을 내밀어 보아도 좋겠습니다. 비옥한 토양에서 튼튼한 나무가 자랄 수 있는 것처럼, 몸과 마음이 건강한 엄마의 품에서 아기는 무럭무럭 자랄 것입니다.

6~18개월 :
"마음껏 느끼고 만져보렴."

"새로운 것을 시도하고 탐색하며, 내가 느낀 것을 믿어도 괜찮을까?"

이 시기의 영아는 자신의 감각과 부모에 대한 신뢰를 토대로 세상을 향해 조금씩 움직이기 시작합니다. 익숙한 품에서 형성된 안정감이 바탕이 되어, 낯선 대상에도 손을 뻗어 봅니다. 부모가 안전한 환경을 마련하고 아이의 탐색을 따뜻하게 지지할 때, 아이는 점차 적극성과 자신감을 키워 갑니다. '해도 괜찮다'는 경험이 쌓이며, 세상은 두려움의 대상이 아니라 배움의 공간이 됩니다.

💬 "네가 활동적이어도 좋고, 조용해도 좋아."

이제 아이는 가만히 있기보다 몸을 움직이며 세상을 경험하려 합니다. 이 시기의 발달 과업은 자신의 몸을 인식하고 대근육과 소근육을 조화롭게 사용하는 능력을 키우는 데 있습니다. 그래서 우리는 아이가 걷기 시작할 무렵 1층으로 이사했습니다. 아이에게 가장 편안하고 신뢰할 수 있는 공간인 집에서 "뛰지 마."라는 말로 움직임을 제한하고 싶지 않았기 때문입니다.

요즘 아이들은 공동주택에서 층간소음에 주의하며 살아갑니다. 바닥에 충격 흡수 매트를 깔고 소음 방지 슬리퍼를 신어도 엘리베이터를 탈 때면 아랫집 이웃과 마주칠까 마음을 졸이게 됩니다. 움직이고 행동하는 것이 자연스럽고 중요한 과업인 시기임에도 현실의 주거 환경은 아이들에게 충분히 뛰고 구를 공간을 허락하지 못합니다.

그렇다고 모든 가정이 아이의 발달 시기에 맞춰 1층으로 이사할 수 있는 것은 아닙니다. 대신 지역의 육아지원센터나 안전하게 뛰어놀 수 있는 공간을 찾아 아이가 충분히 움직일 수 있도록 도와주십시오. 계절이 허락한다면 자연 속에서 몸을 마음껏 사용하는 경험을 자주 마련해 주는 것도 좋습니다. 아이에게 자유롭게 움직일 수 있는 시간을 꾸준히 제공한다면 끊임없이 움직이고 싶은 자신의 욕구가 잘못된 것이 아니라 자연스러운 것임을 알게 될 것입니다.

💬 **"걱정하지 말고 네가 궁금한 것은 탐험해도 돼."**

아이에게 충분한 신체 활동의 기회를 주는 일이 부담스럽게 느껴지는 부모도 있습니다. 그 이유는 대개 안전과 위생에 대한 염려 때문일 것입니다. 실제로 이 시기의 아이들은 종종 가구에 부딪혀 멍이 들기도 하고 뛰다가 넘어져 작은 상처를 입기도 합니다. 과거에는 아이가 넘어져서 다치면 어른들이 "원래 크면서 다치는 거다." 하고 말씀해 주셨지만, 요즘은 유모차나 아기띠를 활용해 아이를 안전하게 관리하는 경우가 많습니다. 그래서 아이들은 충분히 안전한 환경에서 자라고 있지만, 아이 스스로 몸을 조절하며 세상을 탐색할 기회는 그만큼 줄어들었습니다.

무릎 보호대나 안전 장비를 적절히 활용하면서 아이가 넘어지더라도 다시 일어나 걸어 보게 하는 것은 어떨까요? 간단한 구급약품과 여벌 옷을 준비하여 한 걸음 뒤에서 아이를 지켜본다면 아이는 부모를 안전 기지 삼아 더 용기 있게 세상을 향해 나아갈 것입니다.

💬 **"무엇이든 관심을 가져도 좋아."**
💬 **"네 생각과 느낌을 믿어도 좋아."**

이 시기의 아이들에게 가장 매력적인 공간은 의외로 주방과 욕실, 현관일지도 모릅니다. 저희 아이도 틈만 나면 욕실로 기어들어 슬리퍼를 배 위에 올려 두드리며 세상을 탐색했습니다. 걸음마를 시작한 뒤에는 현관으로 걸어 나가 신발장 문을 열고 신발을 하나씩 꺼내 보며 몸을 움직였습니다. 싱크대 하부장을 열어 냄비와 소쿠리를 꺼내 두드리고 변기 물에 손을 담그며 촉감을 확인하기도 했습니다. 아이는 그렇게 집안 곳곳을 오가며 만지고, 느끼고, 실험했습니다.

물론 일부러 아이를 위험하거나 비위생적인 환경에 두라는 뜻은 아닙니다. 다만 그 행동 하나하나에 담긴 의지와 탐색의 노력을 읽어 주고 따뜻한 격려를 보내주었으면 합니다. 부모가 "안 돼." 하고 행동을 통제하더라도 아이는 그 행동이 왜 옳지 않은지를 이해하고 기억하기에는 아직 어립니다. 아이가 위험하거나 지저분해 보이는 물건에 관심을 보이면 어떤 부모는 부정적인 감정을 느낍니다. 그러나 아이는 아직 어려서 눈앞의 사물과 상황이 얼마나 위험한지, 얼마나 위생적인지를 구분하지 못합니다. 부모는 어서 아이에게 안전과 위생에 대한 것을 가르치고 싶고 "몇 개월부터 훈육을 시작해도 좋을까요?"라는 질문을 하게 됩니다.

생후 18개월 전까지는 훈육보다 환경을 정비하는 일이 더 우선일 수 있습니다. "안 돼."라는 말로 아이의 행동을 제지하기보다 아이의 손이

닿는 물건은 깨끗하고 안전하게 관리하고 위험한 물건은 보이지 않는 곳에 미리 치워 두는 것이 도움이 됩니다. 18개월 전후가 되면 아이들은 사고 능력이 조금씩 발달하면서 간단한 규칙을 이해할 준비를 합니다. 그때부터는 안전에 대한 짧고 분명한 지시를 반복하며 규칙을 배워 가도록 도울 수 있습니다. 그렇다고 아이의 실수에 곧바로 책임을 묻는 것은 아직 이릅니다. 아이가 탐색하는 과정에서 주변에 불편을 끼쳤더라도 보호자인 부모가 대신 사과하고 상황을 정리해 주어야 합니다. 아이의 행동에 대한 책임은 여전히 부모의 몫입니다.

💬 "필요하면 몇 번이라도 반복해도 괜찮아."
💬 "궁금한 것이 있으면 네 모든 감각을 사용해 알아보렴."

저희 아이는 무엇이든 손에 쥐면 던지고 싶어 했습니다. 한 번 던지고, 또 던지고, 다시 던지는 일이 아이에게는 세상에서 가장 흥미로운 놀이처럼 보였습니다. 저는 그 행동을 단순히 화가 나서 물건을 내던지는 문제행동으로 보지 않았습니다. 오히려 몸을 더 크게 쓰고 싶어 하는 욕구, 발달을 도와 달라는 신호로 느껴졌습니다. 그래서 아이가 계속 무언가를 던지려 할 때면 집 뒤 시냇가로 데리고 나가 돌멩이를 마음껏 던지게 해 주었습니다. 한 번은 모래 대신 조약돌이 가득한 해변에 간 적이 있었는데, 아이는 쉬어가며 두 시간이 넘도록 돌을 던졌습니다. 그 시간은 아이에게는 멋진 실험의 시간이었고, 저에게는 아이의 생명력에 감탄할 수 있는 시간이었습니다.

어린이집 원장으로 부모 상담을 하면서 0~1세 영아의 반복적인 던지기 행동 때문에 스트레스를 호소하는 부모들을 자주 만났습니다. 그때마다 저는 이 시기 아이들의 행동 욕구에 대해 차분히 설명해 드렸습니다. 그러나 어떤 부모는 "그래도 저는 던지는 행동은 허용하고 싶지 않습니다."라고 단호하게 말하기도 했습니다.

물건을 던지는 행동을 문제행동으로 볼 것인지 자연스러운 발달의 표현으로 볼 것인지는 아이의 의도를 살펴보면 보다 분명해집니다. 돌 전후의 아이가 특별히 화가 난 상황이 아닌데도 반복해서 물건을 던진다면 그것은 공격성이 아니라 몸을 더 능숙하게 사용하려는 시도일 가능성이 큽니다. 대근육과 소근육을 조율하며 힘의 크기와 방향을 실험하는 과정일 수 있습니다. 이럴 때는 아이가 마음껏 던질 수 있는 장소로 데려가거나 집 안에서 사용할 수 있는 부드러운 솜 공이나 종이공 등을 마련해 주는 방법이 있습니다. 만약 아이가 실제로 분노나 좌절 속에서 물건을 던진 것이라면 그 행동 뒤에 숨은 또 다른 욕구가 무엇인지 살펴보는 일이 먼저일지도 모릅니다. 이 시기의 영아들에게 행동하지 말고 얌전히 있으라는 부모의 요구는 성장해서는 안 된다는 메시지로 전해질 수 있습니다.

아이의 행동은 실내에서도 여러 방식으로 지원할 수 있습니다. 그러나 제게 가장 기억에 남는 순간은 자연 속에서 아이가 원하는 만큼 반복할 수 있도록 허락받았던 때였습니다. 저희는 가까운 공원과 계곡에서 많은 시간을 보냈습니다. 아이가 나뭇가지나 나뭇잎, 돌멩이에 관심을 보이면 물에 헹구고 닦아서 충분히 만져보게 했습니다. 질릴 때까지 돌을 던지고 나뭇잎을 뜯고 시냇물을 휘저어도 자연은 그만하라고 야단치지 않았습니다. 자연은 늘 넉넉한 재료와 공간을 내주었고, 아이의 반복과 실험을 조용히 허가해 주었습니다. 그 덕분에 아이는 자연 속에서 대근육과 소근육을 마음껏 발달시키며 자신의 성장을 지지받는 경험을 했습니다.

💬 **"너를 알아 가는 것이 참 행복하단다."**

세상을 향해 거침없이 움직이고 탐색하는 아이를 바라보며 신생아 때와 다르지 않은 사랑을 표현해 주세요. 따뜻한 신체 접촉과 격려의 말은 부모가 아이에게 이렇게 전하는 방식이 됩니다.

"너를 알아 가는 일이 참 행복하단다."

이 단계에서 부모에게 가장 어려운 과제는 아이의 행동을 판단 없이 받아들이는 일일지도 모릅니다. 아이의 행동에 지나치게 의미를 부여하거나 해석하려 들지 않아도 됩니다. 아직은 분명한 의도를 가지고 행동하기보다, 호기심에 이끌려 본능적으로 움직이는 시기이기 때문입니다. "왜 그랬어?"라고 묻기보다 "네가 휴지를 열심히 찢고 있구나."라고 말해 보세요. 행동에 목적을 단정하는 순간, 아이를 통제하려는 마음이 앞설 수 있습니다. 대신 있는 그대로 묘사해 주는 언어는 아이가 자신의 욕구를 드러낼 수 있는 신뢰와 안정감을 줍니다.

다음 발달 단계에 이르면 행동에 분명한 의도가 담기기 시작할 것입니다. 그러나 지금은 그저 시도하고 탐색해 보는 시간입니다. **아이의 움직임을 통제하기보다, 안전한 환경을 마련하고 조용히 지켜보는 일이 더 중요합니다. "No!"보다 "Yes!"를 더 많이 말할 수 있는 환경을 준비해 주는 것**, 그것이 이 시기에 부모가 해 줄 수 있는 가장 큰 지원일 것입니다.

【행동하기 단계의 영아를 키우고 있는 부모를 위해】

"부모도 바깥으로 나가 충분히 움직이세요"

이 시기의 아이를 키운다는 것은 하루 종일 눈을 떼기 어려운 시간을 보낸다는 것을 의미합니다. 쉬지 않고 끊임없이 움직이는 아이를 긍정적인 눈으로 바라보기 위해서는, 부모 역시 충분히 몸을 움직일 수 있어야 합니다. 혼자서 산책하거나 가벼운 조깅을 하는 것, 요가 수업에 참여하거나 수영을 하는 등 움직임을 통한 자기 존재의 확인이 필요합니다.

저는 이 시기에 잠시 요가를 배웠습니다. 요가 매트를 어깨에 메고 하천을 걸어가던 시간이 아직도 선명합니다. 아이를 늘 곁에 두고 집 안에 갇혀 자유롭게 움직이지 못하던 몸을 그 시간만큼은 온전히 움직이도록 허락했습니다.

부모가 스스로 몸을 움직이는 즐거움과 성취를 경험할 때 아이가 자신의 몸을 마음껏 쓰며 성장하려 하는 욕구에 공감할 수 있습니다. 만약 부모가 집 안에서 아이만 따라다니며 안전에만 몰두한다면 마음속에서는 '제발 좀 가만히 있었으면….' 하는 마음이 들 수도 있습니다. 발달 특성상 한창 움직여야 하는 아이를 보며 가만히 있었으면 좋겠다는 바람을 말하는 것은 적절한 부모의 태도가 아닐 것입니다. 그러니 부모 자신도 이 시기의 아이처럼 자신의 몸을 긍정적으로 인식하고 기분 좋게 움직일 수 있는 시간을 마련해 보았으면 합니다.

가족의 도움을 받기 어렵다면 시간제 보육이나 아이돌봄 서비스를 활용하는 방법도 있습니다. 여건상 혼자만의 시간을 내기 어렵다면 유모차를 밀고 아이와 함께 산책로를 걷거나 쇼핑몰을 거니는 것도 좋습니다. 특별한 이유가 없어도 괜찮습니다. 아이가 이유 없이 몸을 움직이듯 부모도 그저 몸을 움직여 보십시오. 이유 없는 움직임이 삶을 다시 숨 쉬게 할지도 모릅니다.

18~36개월 (1) :
"생각이란 걸 하기 시작했구나."

"나도 스스로 생각해 보아도 괜찮을까?"

이 시기의 아이는 그동안 쌓아 온 신체적 능력을 바탕으로 부모로부터 조금씩 독립하려 합니다. 무엇이든 스스로 하겠다고 고집을 부리고, 자신의 뜻이 받아들여지지 않으면 울거나 떼를 쓰기도 합니다. 때로는 그 모습이 당황스럽게 느껴질 수도 있습니다. 그러나 이러한 변화는 부모와 분리되어 가는 과정에서 자연스럽게 나타나는 발달의 신호입니다. 아이는 점차 스스로 생각하고, 자신의 방식으로 문제를 해결하려는 시도를 시작합니다. 그러니 이 모습을 걱정으로만 바라보기보다, "이제 우리 아이에게도 생각하는 힘이 자라고 있구나." 하고 받아들여 보아도 좋겠습니다.

💬 **"네가 너에게 무엇이 좋은지 고민하기 시작했다니, 우리는 참 기쁘단다."**

생후 18개월 전후가 되면 많은 부모가 육아의 난이도가 갑자기 높아졌다고 느낍니다. 방긋 웃으며 세상을 바라보던 아이가 어느 순간 떼를 쓰고 울음을 터뜨리며 자신의 뜻을 강하게 드러내기 시작하기 때문입니다. 공교롭게도 이 시기에 어린이집을 시작하는 경우가 많아 부모는 혹시 또래의 행동을 보고 배운 것은 아닐지 염려하기도 합니다.

그러나 이 시기는 원래 고집과 주장이 두드러지는 발달 단계입니다. 아이는 이제 단순히 반응하는 존재가 아니라 스스로 생각하고 선택하려는 존재로 옮겨 가고 있습니다. 그러니 이 변화를 문제로만 바라보기보다 "우리 아이가 생각을 시작했구나." 하고 성장의 신호로 받아들이면 좋겠습니다. '미운 세 살'이라는 말 대신 '멋진 세 살'이라고 불러 주는 것은 어떨까요? 아직은 서툴지만 자신의 생각을 세우고 주장하려는 그 노력을 따뜻하게 격려해 주세요.

저희 아이는 한동안 양말을 일부러 짝짝이로 신으려 했고, 어린이집에 갈 때도 신발을 다르게 신고 가겠다고 고집을 부렸습니다. 부모인 우리는 그것을 꼬마의 귀여운 일탈쯤으로 넘길 수 있었지만 어린이집 선생님들께서 안전하게 생활지도를 하는 데 문제가 되지는 않을지 염려되었습니다. 그래서 아이가 신발을 짝짝이로 신고 가는 날이면, 저는 다른 한 짝을 가방에 넣어 두었다가 아이가 교실에 들어간 뒤 조용히 신발장에 가지런히 바꿔 두곤 했습니다.

이 시기가 되면 아이는 '좋아하는 것'과 '싫어하는 것'을 분명히 드러내기 시작합니다. 장난감, 음식, 사람에 이르기까지 기호와 선호가 또렷해집니다. 무엇이 좋고 무엇이 불편한지 말로 설명해 줄 수 있다면 좋겠지만 아직은 그에 걸맞은 언어가 발달하지 못했습니다. 그래서 마음에 들지 않거나 자신의 뜻이 받아들여지지 않을 때 울고 떼를 쓰며 바닥에 드러눕는 방식으로 대화를 시작합니다. 어른이 같은 방식으로 행동한다면 분명 문제가 되겠지만 이제 막 말을 배우는 아이에게는 자연스러운 발달의 한 장면일 수 있습니다. 이 시기의 감정 표현은 존재 자체의 미숙함이 아니라 단순히 미숙한 언어 능력으로 인한 욕구 표현 방법으로 이해해 주세요.

💬 "생각하는 법도 차츰 배워 갈 수 있단다."

시간이 흐른다고 해서 저절로 사고력이 자라는 것은 아닙니다. 아이는 생각하는 방법을 관계 속에서 배워 갑니다. 이 시기의 '생각하기'는 원인과 결과를 연결해 보는 경험에서 시작됩니다. 그리고 이를 가장 자연스럽게 도울 수 있는 방법 중 하나가 '역할놀이'입니다.

  아이와 역할놀이를 하려면 먼저 우리 아이가 무엇에 흥미를 보이는지 관찰해야 합니다. 저희 아이는 소방차와 비, 무지개에 큰 관심을 보였습니다. 그래서 저는 종이에 크레파스로 불과 물, 물방울, 무지개를 그려오린 뒤 아이와 함께 놀이를 시작했습니다. 아이가 원하는 자리에 그림을 붙이고, 아이의 상상에 따라 이야기를 이어 갔습니다. 아빠 옷에 불을 붙이고, 자신의 손에 물줄기를 붙여 불을 끄는 놀이를 하기도 했습니다. 집 안의 식물에 빗방울을 붙이며 물을 주는 장면을 만들기도 했습니다. 비를 내리게 한 뒤 무지개를 걸어 주며, 아이의 상상을 놀이 속 현실로 이어 주었습니다. **아이를 가르치기보다, 아이의 흥미를 따라가 보았습니다. 우리가 들여다 본 아이의 흥미 속에는 이미 생각의 씨앗이 자라고 있었습니다.**

  흥미로운 주제를 찾았다면, 이제는 그 안에서 원인과 결과를 연결해 보는 역할놀이를 이어 가면 좋겠습니다. "배고파요. 음식 좀 주세요." "다쳤어요. 치료해 주세요." "불이 났어요! 소방차를 보내 주세요." 아이들의 역할놀이 속에는 이미 수많은 인과 관계가 담겨 있습니다. 이러한 놀이 경험은 사건을 연결해 사고하는 힘을 자라게 합니다.

블록 쌓기나 요리 활동, 간단한 과학 놀이를 통해서도 아이는 원인과 결과를 경험합니다. 쌀이 밥솥에서 익어 밥이 되고, 그 밥을 찧어 떡이 되는 과정을 지켜보는 일은 과학이자 생활 속 배움입니다. 아이는 손으로 만지고 눈으로 보며 자연스럽게 '왜 그런지'를 배워 갑니다.

아이들은 놀이 속에서 배웁니다. 놀잇감은 학습 도구가 되고 놀이 자체가 학습이 됩니다. 잘 노는 아이는 경험을 통해 배우는 힘도 함께 자랍니다. 다양한 소품과 재료를 활용해 역할놀이를 해 보세요.

역할놀이가 사고력에 도움이 된다고 말씀드리면 "저는 어떻게 놀아줘야 할지 모르겠어요."라고 부담을 털어놓는 부모도 계십니다. 그러나 완벽하게 잘해 주어야 한다는 부담은 내려놓아도 됩니다. 아이보다 두세 살 많은 또래가 되어 함께 상상하고 따라가 보세요. 평가와 지적 대신 "와, 그런 생각을 했구나!"라며 감탄해 주는 것만으로도 충분합니다.

가능하다면 요리 활동에도 아이를 함께 참여시켜 보세요. 팬에 볶은 양파를 맛보며, 매운 향을 지닌 양파가 열을 만나 달콤해진다는 변화를 경험하게 할 수 있습니다. 삶은 국수를 차가운 물에 씻어 보며, 단단했던 면이 부드럽게 바뀌는 과정도 몸으로 느낄 수 있습니다. 이러한 작은 경험들이 쌓이며 아이는 자연스럽게 원인과 결과를 연결하고, 생각하는 힘을 키워 갑니다.

한편, 이 시기에는 간단한 지시를 따르는 연습도 필요합니다. "앉아." "이리 와." "거기서 멈춰."와 같은 짧고 분명한 지시는 아이의 안전을 위해 중요한 역할을 합니다. 실제 위험 상황에서는 긴 설명을 할 여유가 없으므로 평소 놀이 속에서 안전 규칙을 자연스럽게 익히는 것이 도움이 됩니다. 소방서 놀이, 경찰서 놀이처럼 역할놀이를 활용해 질서와 통제의 의미를 경험하게 할 수 있습니다.

아직은 추상적이고 논리적인 사고가 충분히 발달하지 않았으므로 길고 복잡한 설명은 필요하지 않습니다. "차에서는 안전벨트를 해야 해. 앉자."처럼 요구되는 행동과 이유를 짧고 명료하게 말해 주세요. 실제로 차를 탈 때마다 반복해 주는 것도 좋지만 놀이를 통해 안전 수칙을 가르칠 수도 있습니다. 놀이를 통한 배움은 부모와 아이의 관계를 좋게 해 주면서 부모의 권위를 세워 주는 좋은 방법입니다.

부모가 일관되게 제시하는 규칙을 경험할 때 아이는 점차 자기 내면의 기준을 만들어 갑니다. 저희 아이에게는 반드시 지켜야 할 두 가지 규칙이 있었습니다. 잠들기 전에는 반드시 이를 닦는 것, 그리고 식사를 마친 뒤에야 다음 활동으로 넘어갈 수 있다는 것이었습니다. 이 두 가지는 평소 양치질을 거부하고 식사량이 적었던 아이의 건강을 염려하며 저희 부부가 신중하게 정한 원칙이었습니다.

밤늦게 일정이 끝나는 날에는 양치 도구를 미리 챙겼고, 지인이나 친척 집을 방문했을 때도 이를 닦은 뒤에 귀가했습니다. 식사를 마치지 않은 채 밖으로 나가고 싶어 하거나 간식을 찾을 때에는 식사량을 조절해 주거나 부모가 도와주어 마무리할 수 있도록 했습니다. 도움의 방식은 달랐지만 '식사를 마치고 다음으로 넘어간다'는 원칙은 지켰습니다. 어떠한 상황에서도 이 두 가지 규칙은 일관되게 지켰습니다.

규칙을 일관되게 가르치는 일은 어쩌면 아이보다 부모에게 더욱 힘든 일인지도 모르겠습니다. 저는 비교적 느슨한 성격이라 저녁이면 쉽게 지치곤 합니다. 그래서 이를 닦이는 일을 잠시 미루고 싶은 유혹에 흔들릴 때도 있었습니다. 그때마다 남편이 묵묵히 아이의 양치를 책임지며 규칙을 지켜 주었습니다.

어느 날, 남편이 늦게까지 일하고 돌아와 먼저 잠이 들었습니다. 그날은 제가 이를 닦여야 했습니다. 문득 장난스러운 마음이 들어 아이에게 말했습니다. "아빠가 잠들었는데, 오늘은 그냥 이를 닦았다고 하고 잘까?" 아이는 바닥에 데굴데굴 구르며 한참을 웃었습니다. 그러다 제 옆에 앉아 말했습니다. "엄마, 그냥 이 닦고 자자. 그게 좋아." 그때는 잠들기 전 반드시 이를 닦는다는 규칙이 우리 집에서 1년 6개월 넘게 이어져오던 때였습니다. 저는 우리가 지켜 온 규칙이 어느새 아이 안의 기준이 되어 있었다는 것을 알게 되었습니다.

부모 교육을 하다 보면 종종 이런 말을 듣습니다. "강사님, 아무리 해도 우리 아이는 안 바뀔 것 같아요." 그러나 부모가 포기하지 않고 일관되게 지켜 나간다면 언젠가는 그 기준이 아이 안에 자리 잡는 순간이 찾아옵니다. 걸음마를 배우는 아기에게 보조기를 내어주듯 규칙을 배워 가는 아이에게는 부모가 기준을 잡아 주는 지지대가 되어 주어야 합니다. 그러한 노력 끝에 좋은 행동은 습관이 되고 그 습관은 아이가 평생 건강하고 행복하게 살아갈 힘이 될 것입니다.

반드시 지켜야 할 몇 가지 규칙을 제외하고는 아이를 존중하며 규칙을 조율해야 합니다. 저희 아이가 세 돌 반쯤 되었을 때의 일입니다. 식탁에 앉아 주스를 마시던 아이가 "놀고 먹고~ 놀고 먹고~ 그렇게 하면 어때요?"라고 물었습니다. 주스를 마시면서 놀이를 하고 싶다는 뜻이었습니다. 저는 "주스를 쏟지 않으면서 놀이를 할 수 있는 방법이 있을까?" 하고 되물었습니다. 아이는 잠시 생각하더니 주스를 식탁 위에 두고 마시고 싶을 때마다 와서 마시면 쏟지 않을 것 같다고 말했습니다. 그렇게 서로 합의한 방식을 지키며 아이는 놀이를 이어 갔습니다.

솔직히 말하면 순간의 편안함을 따라 "하고 싶은 대로 해도 괜찮아."

라고 허락할 수도 있었습니다. 그러나 저는 일상과 놀이 속에서 아이와 협상하고 규칙을 조율하는 연습을 소홀히 하지 않으려 했습니다. 이러한 경험을 통해 아이가 자신의 욕구를 조절하고 타인의 입장을 함께 고려하는 힘을 기를 수 있다고 믿었기 때문입니다.

　이 시기는 아이가 자기중심적인 사고에서 조금씩 벗어나 질서와 규칙을 배워 가는 단계입니다. 세상의 중심이 자신이라고 느끼던 자리에서 한발 물러나는 일은 결코 쉽지 않습니다. 하지만 따뜻하고 존중받는 분위기 속에서 부모와 공정하게 의견을 나누는 경험을 쌓는다면 아이는 '나도 존중받을 수 있다'는 믿음과 함께 '타인도 존중해야 한다'는 태도를 자연스럽게 익힐 수 있을 것입니다.

18~36개월 (2) :
"너의 모든 감정은 중요하단다."

"느끼는 대로 표현해도 괜찮을까?"

이 시기의 아이는 자신의 감정을 조금씩 인식하기 시작하고, 동시에 타인의 감정에도 관심을 보이기 시작합니다. 기쁨과 즐거움뿐 아니라 분노, 두려움, 슬픔과 같은 불편한 감정들도 경험합니다. 이때 중요한 것은 감정을 없애는 것이 아니라, 감정을 느끼고 표현하는 일이 허용된다는 경험입니다. 긍정적인 감정뿐 아니라 부정적인 감정까지도 인정받아야 하며, 동시에 그 감정을 어떻게 다루어야 하는지도 배워 가야 합니다. 이 시기는 감정을 억누르는 연습이 아니라, 감정을 이해하고 조절하는 힘을 기르는 단계입니다.

💟 "화가 나면 화가 났다고 말해도 괜찮아. 다만 그 화로 너도, 다른 사람도 다치지 않도록 우리가 도와줄게."

두 돌이 지난 무렵 저희 아이는 어린이집에서 친구를 깨무는 행동을 보이기 시작했습니다. 아직은 자기중심성이 강해 다른 사람의 입장을 충분히 헤아리기 어려운 시기였습니다. 가장 먼저 해야 할 일은 상처를 입은 친구와 그 부모님께 사과하는 것이었습니다. 마음을 다해 미안함을 전하고 책임 있게 지도하겠다고 약속했습니다. 아이로 인해 누군가가 다쳤다면 그 상황을 수습하고 관계를 회복하는 일은 부모의 몫입니다. 아이를 앉혀 놓고 잘잘못을 따지거나 훈계하는 일은 그다음이어도 늦지 않습니다.

공격적인 모습을 보이지 않던 아이가 어느 날 그러한 행동을 보일 때는 분명 어떤 이유가 있을 것입니다. 그러나 말이 유창하지 않은 이 시기 아이의 속마음을 명확하게 밝혀내기란 쉽지 않습니다. 하지만 이유는 알지 못하더라도 친구를 아프게 하는 행동은 잘못된 행동이라는 것을 가르쳐야 했습니다. 그래서 우리는 "너는 소중한 아이야. 하지만 그 행동은 옳지 않아."라는 말을 많이 해줬습니다. 아이에게 자신의 존재는 언제나 존중받아 마땅하나 그러한 행동은 분명 잘못된 것임을 알게 해야 했습니다. 그리고 화가 났을 때 사용할 수 있는 적절한 표현 방법도 함께 알려 주었습니다. 소리를 크게 내는 대신 말로 "싫어!"라고 표현하기, 발을 '쿵' 구르기, 눈을 마주 보고 단호하게 이야기하기 등, 화를 표현하는 방법은 다양하다는 것을 가르쳤습니다.

모든 감정은 나름의 이유와 필요를 지니고 생겨납니다. 마음속에서 올라온 감정은 긍정적이든 부정적이든, 건강한 방식으로 표현될 때 비로소 문제를 해결합니다. 아이는 어느덧 자라 자신의 분노를 적절한 방법으로 표현할 수 있게 될 것입니다. 하지만 이 시기의 아이는 아직 감정을 다루는 법과 자신의 욕구를 언어로 표현하는 법이 미숙하니, 아이의 화로 인해 벌어진 문제는 부모가 책임 있게 수습하고 관계를 회복하는 일에 애써야 합니다. 아이의 감정은 받아들여 주되 행동은 고칠 수 있도록 가르쳐야 합니다. 그것이 아이가 감정을 억누르지 않으면서도 관계 속에서 살아가는 법을 배우게 돕는 부모의 역할일 것입니다.

여러 자녀를 키우는 가정에서는 형제자매 사이의 다툼을 중재해야 할 일이 자주 생깁니다. 아이들 사이에 갈등이 벌어질 때 부모는 어느 한쪽의 편을 드는 사람이 아니라 관계를 회복시키는 역할을 맡게 됩니다. 예를 들어 형에게 맞아 울고 있는 동생이 있다면 먼저 동생을 안아 안전을 확인해 줍니다. 그리고 형에게는 이렇게 말할 수 있습니다. "너는 동생에게 정말 소중한 형이야. 하지만 방금의 행동은 옳지 않았어." 존재를 부정하지 않으면서도 행동에는 분명한 기준을 전달하는 방식입니다. "너는 나쁜 형이야."라고 말하지 않아도, 무엇이 잘못되었는지는 충분히 가르칠 수 있습니다.

동생의 상처를 돌본 뒤에는 화가 났던 형의 마음도 차분히 들어볼 수 있습니다. 형의 억울함이나 속상함을 인정해 주는 순간 아이는 공격 대신 말로 표현할 수 있는 길을 배우게 됩니다. 그리고 다음에는 화가 날 때 동생을 때리기보다 엄마에게 와서 이야기해도 괜찮다고 알려 주세요. 든든하게 자신의 편이 되어 주는 어른이 있다는 확신은 아이를 안정시킵니다. 자신이 이해받는다고 느끼는 아이는 자신을 지키기 위해 공격적으로 행동할 필요가 줄어듭니다. **행동을 바로잡고 싶다면 먼저 감정을 받아들이는 것에서 시작해 보세요. 아이의 마음이 움직이면 바른 행동은 조금씩 따라옵니다.**

💬 **"넌 느낄 수도 있고, 생각할 수도 있는 아이란다."**

아이가 떼를 쓰며 바닥에 드러누워 울 때 부모는 당황한 마음에 아이의 생각하는 능력을 과소평가하기 쉽습니다. 감정도 빨리 정리해 주고 싶어집니다. "어서 일어나! 왜 이래!" 하고 다그치거나, "울지 마, 사 줄게." 하며 요구를 들어주기도 합니다. 어떻게든 상황을 빠르게 정리하고 불편한 감정을 지워 버리고 싶은 마음이 앞섭니다. 그러나 이 시기에는 아이가 느끼는 것과 생각하는 것을 모두 존중받아야 합니다. 아이는 단지 감정에 휩쓸리는 존재가 아니라 감정을 바탕으로 사고를 배워 가는 존재입니다.

감정은 충분히 표현되고 이해받으면 서서히 가라앉습니다. 아이의 마음이 받아들여졌다고 느끼는 순간 굳이 울음과 고성으로 자신을 증명할 필요가 줄어듭니다. 그때 비로소 생각이 작동하기 시작합니다. '다른 방법은 없을까?', '이번에는 여기까지일까?'와 같은 대안이 떠오르기 시작합니다. 긴장과 위축 속에서는 유연하고 창의적인 사고가 자라기 어렵습니다. 아이가 생각하도록 돕고 싶다면 먼저 감정을 안전하게 다룰 수 있는 환경을 마련해야 합니다. 자신의 감정을 충분히 느끼고 표현할 수 있는 아이일수록 부정적인 감정에서도 더 빠르게 균형을 되찾을 수 있습니다.

아이가 이 단계를 지나 다음 발달 단계로 넘어가던 무렵의 일입니다. 여느 날처럼 퇴근 후 아이를 데려와 저녁을 먹이고 났더니, 아이가 갑자기 마트에 가서 장난감을 사자고 떼를 쓰기 시작했습니다. 저는 계획 없이 당장 갈 수는 없다고 차분히 설명했습니다. 그러나 아이는 거실 바닥에 드러누워 울음을 터뜨렸습니다. 그 울음은 40분가량 이어졌습니다. 그 시간 동안 저는 행동에는 한계를 두되 감정은 받아주려 애썼습니다. 물을 원하면 물을 주고, 얼음을 원하면 얼음을 물컵에 넣어 줬습니다. 안아 달라 하면 안아 주고, 내려달라 하면 내려놓았습니다. 아이의 감정과 요구는 계속해서 받아주었지만, 마트에 가자는 것만은 받아주지 않았습니다.

남편은 그 상황을 지켜보는 것이 힘들어 작은 방으로 숨었습니다. 저는 불같은 아이의 감정이 사그라들 때까지 아이 곁에 머물러 주었지만, 마트에는 가주지 않았습니다. 한참을 울던 아이는 단번에 울음을 그치고 자리에서 일어나 아빠가 있는 작은 방의 문을 열었습니다. 그리고 말했습니다. "아빠, 나 네 번밖에 안 울었어. 엄마 말 잘 듣지?" 저는 그 순간 아이가 자신의 문제를 해결해 냈음을 확인했습니다. 감정이 가라앉은 뒤에야 우리는 마트에 갈 일정을 함께 계획하였고, 아이는 약속한 날까지 기분 좋게 기다렸습니다.

만약 그날 아이의 울음을 멈추기 위해 곧바로 마트에 데려갔다면 아이는 강한 감정을 내세워 자신의 욕구를 성취하는 방법을 배웠을지도 모릅니다. 이 시기의 아이를 키우면서 저는 행동을 잘 가르치기 위해 감정을 수용했습니다. 그 경험이 쌓이며 아이는 감정을 스스로 다루는 법을 조금씩 익혀 갔고, 동시에 "안 되는 것은 떼를 써봤자 안 된다."는 단단한 기준도 배우게 되었습니다. **격렬하게 떼를 쓰는 순간에도 아이는 보호받아야 할 존재입니다. 부모는 힘겨루기를 하기 위해 버티는 것이 아니라, 사랑과 책임으로 한계를 지켜 내는 사람이어야 합니다.**

"넌 느낄 수도 있고, 생각할 수도 있는 아이란다." 이 메시지를 바탕으로 감정은 받아들이되 행동에는 분명한 한계를 세워 보세요. 이것이 감정코칭의 핵심입니다. 아이가 반복적으로 떼를 쓰거나 끝없이 보상을 요구한다면, 아이의 감정이 아니라 행동의 경계가 충분히 안내되고 있는지 돌아볼 필요가 있습니다. 혹시 감정을 달래는 과정에서 부모의 기준까지 함께 흔들리고 있지는 않은지도 점검해 보아야 합니다.

행동의 한계를 가르친다고 해서 아이가 부모를 미워하는 것은 아닙니다. 오히려 일관된 기준은 아이에게 안정감을 줍니다. 단호함과 따뜻함은 서로 반대가 아니라 함께 가야 할 요소입니다. 부드러운 사랑이 아이의 감정을 안아 준다면 단단한 사랑은 아이를 안전하게 지켜 줍니다. 감정을 수용하면서도 행동을 조절하도록 돕는 일은 사랑을 표현하는 일과 규칙을 가르치는 일을 동시에 해내는 길입니다.

💬 **"우리는 너를 있는 그대로 사랑해."**

우리는 과연 느껴지는 감정을 있는 그대로 표현하며 살고 있을까요? 어떤 이는 감정을 비교적 자유롭게 드러내지만 또 어떤 이는 감정을 솔직히 표현하는 일이 위험하다고 느끼며 살아갑니다.

"사내아이는 울지 않는 거야."
"이것 때문에 화낼 필요 없어. 새로 사 주면 되잖아."

"네가 제일 나이가 많으니 더 현명해야지."

"그렇게 화내면 보기 흉해."

"무섭다고? 남자가 그럴 수 있니?"[4]

이와 같은 메시지를 반복적으로 듣고 자란 아이는 자신의 진짜 감정을 그대로 드러내기보다 부모에게 허용되는 감정으로 바꾸는 법을 배우게 됩니다. 분노가 불편한 부모는 아이에게 "화내지 말고 좋게 말해."라고 가르치고, 슬픔을 감당하기 어려운 부모는 "울지 말고 말로 해."라고 말합니다. 두려움이 답답하게 느껴질 때는 "괜찮아, 용기 있게 해 봐."라고 다독입니다. 그 말들이 모두 나쁜 의도에서 나온 것은 아닐지라도 아이는 점차 자신의 감정을 수정하는 법을 익힙니다. 부모로부터 인정받고 싶은 아이는 진짜 감정을 느끼면서도 그것을 다른 모습으로 바꾸어 표현합니다. 그렇게 감정은 억눌리거나 대체되며 마음 깊은 곳에 남게 됩니다.

기쁨뿐 아니라 분노와 슬픔, 두려움과 같은 불편한 감정 역시 문제를 해결하는 데 필요한 중요한 신호입니다. 아직 언어가 충분히 발달하지 않은 영유아는 감정을 통해 자신의 욕구를 표현합니다. 자신의 의도를

---

[4] 최신 교류분석(2018), William F. Cornell 외 3인, 송희자 외 3인 역, 시그마프레스

가로막는 상황을 만나면 분노로 의사를 드러내고, 소중한 것을 잃었을 때는 슬픔으로 위로를 요청합니다. 예상치 못한 위험이나 낯선 상황에서는 두려움을 느끼며 자신을 보호하려 합니다. 이처럼 부정적인 감정도 나름의 기능과 목적을 지니고 있습니다. 그러므로 아이가 감정을 신호로 삼아 자신의 욕구를 이해하고 행동할 수 있도록 도와주어야 합니다.

그 첫걸음은 아이의 감정을 있는 그대로 받아들이는 일입니다. 아이가 울거나 화를 낸다면 우선 그 감정을 안전하게 표현하도록 두세요. 안아 주고 등을 토닥이며 아이가 어느 정도 진정한 뒤에 무엇을 말해 줄지 생각해 보아도 늦지 않습니다. 아이의 울음이 이어지는 시간은 부모가 더 현명한 선택을 준비할 수 있는 시간일지도 모릅니다. 감정이 격렬하게 분출되는 순간에는 가르침이 잘 닿지 않습니다. 그때는 한 걸음 물러나 아이의 감정을 온전히 받아주는 것이 우선입니다. 다만 감정을 수용한다는 것이 행동의 경계까지 허무는 뜻은 아닙니다. 감정은 허용하되, 행동에는 한계가 있어야 합니다.

아이의 감정을 온전히 수용하다 보면 부모는 '내가 감정 쓰레기통인가?' 하는 생각이 들 수도 있습니다. 쓰레기통보다는 감정을 분리 배출하는 청소부라 생각하고 아이들에게 자신이 느끼는 감정이 무엇인지, 그리고 각각의 감정은 어떻게 확인하고 처리할 수 있는지를 가르쳐 주세요. 아이가 도무지 지도할 수 없을 만큼 힘들어할 때는 대신 처리를 도와주고 아이가 힘이 있을 때는 스스로 분리하고 처리할 수 있도록 기회도 주세요. 그렇게 감정을 다루는 법도 잘 가르칠 수 있습니다.

아이의 감정을 온전히 받아주다 보면 문득 '나는 감정 쓰레기통인가?' 하는 생각이 들 때도 있습니다. 그러나 자신을 감정 쓰레기통이 아니라 감정의 분리배출을 돕는 안내자라고 여겨 보세요. 아이가 느끼는 감정이 무엇인지 함께 이름 붙이고 그 감정을 어떻게 다루면 좋을지 차근차근 알려 주는 사람입니다. 아이가 감당하기 어려울 만큼 힘들어할 때는 부모가 대신 정리해 주어야 할 순간도 있습니다. 반대로 아이가 조금의 여유를 보일 때에는 스스로 감정을 구분하고 표현해 볼 기회를 주세요. 그렇게 반복되는 경험 속에서 아이는 감정을 다루는 힘을 배워 갑니다.

감정을 수용하고 동시에 다루는 방법을 가르친다는 것은 결국 이런 메시지를 전하는 일입니다. "우리는 너를 있는 그대로 사랑해." 착할 때만, 의젓할 때만, 용감하게 해낼 때만 사랑받는 존재가 아니라는 확신을 주는 일입니다. 하지만 발달 과정은 언제나 고운 모습만 보여 주지는 않습니다. 6개월에서 18개월이 행동과 씨름하는 시기였다면, 18개월에서 36개월은 감정과 대화를 시작하는 시기입니다. 어떤 감정이 찾아오더라도 당황하기보다 차분히 머물러 줄 수 있는 어른이 곁에 있을 때 아이는 자신이 안전하다고 느낍니다. 부모가 흔들리지 않고 감정을 받아줄 때 아이는 '나는 있는 그대로 사랑받는 존재구나.' 하고 믿게 됩니다.

 그렇다면 한 가지 질문이 남습니다. 부모가 정서의 든든한 버팀목이 되어야 한다면 소진된 부모의 마음은 누가 돌보아 줄까요? 부모 역시 정서의 힘을 채워야 합니다. 사람의 몸이 음식을 통해 에너지를 얻듯 마음은 인정과 격려를 통해 힘을 얻습니다. 누군가가 나의 수고를 알아보고 따뜻한 말을 건네준다면 참 좋겠지만 늘 그런 상황이 마련되지는 않습니다. 혹은 충분히 인정받고 있음에도 자신을 채우지 못하고 있다는 느낌이 들 때도 있습니다. 그럴 때는 자신에게 말을 걸어 보세요. 가장 오래, 가장 깊이 나를 이해해 온 존재는 나 자신입니다. "오늘도 충분히 애썼어.", "끝까지 포기하지 않았네.", "지금 이만큼이면 잘하고 있어." 이렇게 자신을 격려하는 말은 마음의 바닥을 단단히 받쳐 줍니다. 마음이 채워질 때 사랑은 억지로 짜내는 것이 아니라 자연스럽게 흘러나옵니다. 그 사랑은 먼저 나 자신을 감싸고, 이어서 배우자와 자녀, 그리고 나를 키워 준 부모에게까지 잔잔하게 이어질 것입니다.

【부모의 자존감을 높이는, 스스로에게 건네는 인정의 말】

"오늘도 여러 역할을 해내느라 정말 애썼어."

"지금 이 자리에서 건강하게 버텨 주고 있어서 고마워."

"오늘 내가 건넨 사랑은 누군가에게 분명 힘이 되었을 거야.

사랑할 줄 아는 내가 자랑스러워."

"어려운 순간에도 문제를 끝까지 마주한 내가 참 대단해."

"하루하루 조금씩 자라고 있는 내가 사랑스럽다. 나의 내일이 기대돼."

"그럼에도 불구하고 포기하지 않은 나 자신을 칭찬해."

아이를 키우는 세대는 유난히 많은 역할을 감당하며 살아갑니다. 배우자이자 부모이고 누군가의 자식이며 직장에서는 중간관리자의 자리에 서 있기도 합니다. 그중 하나만 잘해 내는 것도 쉽지 않은데 우리는 그 많은 역할을 동시에 붙들고 살아가고 있습니다.

어쩌면 우리가 이렇게 여러 역할 속에서 서로 연결되어 있는 데에는 이유가 있을지도 모릅니다. 혼자서 강해지려고 애쓰지 마십시오. 결과가 완벽하지 않아도 괜찮습니다. 역할을 나누고 때로는 먼저 손을 내밀어 도움을 청하며 어색하더라도 칭찬과 인정을 받아 힘을 얻어도 됩니다. 그것은 부끄러운 일이 아닙니다.

　우리는 각자의 자리에서 애쓰고 있지만 동시에 서로 기대어 살아가는 존재입니다. 그러라고 우리는 함께 얽혀 살아가는 것이 아닐까요.

18~36개월 (3) :
"도움이 필요하면 언제든지 도와줄게."

"도와 달라고 말해도 괜찮을까?"

이 시기의 아이는 자신의 행동 능력을 믿고 다양한 시도를 합니다. 작은 실험을 세우고, 직접 해 보며 결과를 확인합니다. 시작은 호기롭지만 아직은 신체 능력과 사고 능력이 충분히 익지 않아 실수와 실패를 경험하기도 합니다. 아이들은 눈앞의 결과를 통해 자신의 추론이 맞았는지, 다른 방법이 필요한지를 배워 갑니다. 실패는 좌절이 아니라 사고를 확장하는 재료가 됩니다.

그러니 아이의 도전과 실패를 격려해 주세요. 그리고 도움이 필요하다고 손을 내밀 때는 기꺼이 응해 주세요. 부모의 지지를 믿을 수 있을 때, 아이는 자신의 한계에 더 담대하게 도전합니다. 혼자가 아니라는 확신이 있을 때, 아이는 더 어려운 과제에도 용기를 냅니다.

💬 "싫다고 말해도 괜찮아. 너의 한계를 시험해 보고 싶다면 도전해 봐
도 좋아."

이 시기의 아이는 무엇이든 혼자 해 보겠다고 고집을 부립니다. 그러
나 아직은 신체와 인지 발달이 충분히 성숙하지 않아 부모의 도움이 필요
할 때도 많습니다. 그럼에도 "내가 할 거야!"라고 외치는 아이의 태도에
부모의 마음이 상하기도 합니다. 그래서 아이가 뒤늦게 도움을 요청하면
"아까는 혼자 한다고 했잖아. 이제 와서 왜 도와달라고 해?"라고 말하고
싶어질 때도 있습니다. 하지만 이 시기 아이의 고집은 부모를 밀어내기
위한 것이 아니라 자신의 능력을 시험해 보려는 시도에 가깝습니다.

도움을 주기 전에는 먼저 묻는 것이 좋습니다. "엄마가 도와줄까, 아
니면 네가 더 해 볼래?" 아이는 선택받는 순간 존중받는다고 느낍니다.
섣불리 개입하면 "내가 할 거야!"라며 화를 낼 수 있지만 질문을 통해 기
회를 주면 스스로 도전하고, 필요할 때는 도움을 받아들이는 법을 배워
갑니다.

이 시기의 자율성은 단순한 거절이 아니라 연습입니다. 스스로 해 보
려는 마음을 지켜 주면서도, 도움이 필요할 때 언제든 손을 내밀 수 있
다는 믿음을 함께 심어 주는 일이 중요합니다.

이를 아이를 부드러운 사랑으로 돌보는 방식을 '부모주도 돌보기'와 '아이지지 돌보기'로 구분해 보겠습니다. '부모주도 돌보기'는 아이가 할 수 없는 일을 부모가 의사를 묻지 않고 대신해 주는 방식이고 '아이지지 돌보기'는 도움이 필요한지 먼저 묻고 아이가 원하는 만큼만 지원하는 방식입니다. 아이가 18개월 무렵에 접어들면 행동 능력이 빠르게 발달하기 시작하므로, 부모주도 돌보기를 점차 줄이고 아이지지 돌보기를 늘려가는 것이 바람직합니다.

저희 아이가 유리컵에 우유를 따라 마시겠다고 했을 때, 저는 아이의 능력은 믿을 수 없었습니다. 하지만 그 시도와 의지를 존중해 보기로 했습니다. 결과는 예상대로였습니다. 우유는 절반쯤 바닥에 흘렀고, 절반만 컵에 담겼습니다. 하지만 아이는 바닥에 쏟은 우유에는 크게 개의치 않고, 컵에 담긴 우유를 마셨습니다. 그리고 아이는 우유 따르기를 한 번 더 시도했습니다. 두 번째에는 우유를 훨씬 정확하게 따를 수 있었습니다. 앞선 경험을 통해 컵의 각도와 손의 힘을 조절해 본 듯했습니다. 실수는 실패가 아니라, 다음 시도를 위한 디딤돌이 되었던 것입니다.

스스로 해 보겠다는 의지가 강해질수록 아이는 부모의 도움을 격렬하게 거부하기도 합니다. "싫어! 내가 할 거야!"라는 말에는 자신이 해낼 수 있을 것이라는 믿음이 담겨 있습니다. 그 고집은 부모를 밀어내기 위한 반항이라기보다 능력을 시험해 보려는 시도일 수 있습니다. 우유가 쏟아지면 닦으면 됩니다. 물론 우유가 아깝고, 청소해야 하는 수고도 뒤따릅니다. 하지만 그것을 아이가 자신의 한계를 실험하며 배우는 과정에서 필요한 '경험의 비용'이라고 여겨 본다면 훨씬 더 긍정적인 마음으로 지켜볼 수 있을 것입니다.

이 시기의 아이들은 아직 추론적 사고가 충분히 발달하지 않아 직접 경험해 보아야 배울 수 있습니다. 직접 해 보고, 결과를 확인하고, 다시 시도하는 과정 속에서 생각하는 능력이 발달합니다. 가만히 앉아 생각하는 것만으로는 생각이 자라지 못합니다. **실수와 실패는 생각을 자라게 하는 재료입니다.** 그래서 이 시기에는 지나치게 정리 정돈을 강조하기보다 안전한 범위 안에서 충분히 시도하고 경험하게 하는 것이 더 의미 있을 수 있습니다. 실수를 통해 배우는 시간이 결국 생각하는 힘을 키워 줍니다.

💬 "필요한 것이 있다면 도와달라고 해도 괜찮아"

이 시기의 발달 단계를 강의할 때 저는 '진짜 스스로'와 '가짜 스스로'에 대해 이야기합니다. 자조 능력이 발달하기 시작하면 부모는 아이가 일상생활의 여러 동작을 혼자 해내기를 기대하게 됩니다. 스스로 밥을 먹고, 스스로 놀잇감을 정리하고, 스스로 신발을 신는 모습을 양육의 중요한 목표로 삼기도 합니다. 그러나 아이의 발달 속도에는 개인차가 있으며 또래와의 비교 속에서 '얼마나 혼자 해내는가'로 아이를 평가하는 순간 자율성의 본질이 흐려질 수 있습니다.

 제가 말하는 '가짜 스스로'는 부모가 정한 행동 목표를 아이가 도움 없이 수행하는 상태를 뜻합니다. 목표는 부모가 세우고 아이는 지도에 따라 기술을 익혀 수행합니다. 겉으로 보기에는 독립처럼 보이지만 출발점은 부모의 기대일 수 있습니다. 반면 '진짜 스스로'는 아이가 스스로 목표를 정하고 도전하지만 혼자 힘으로는 부족해 부모의 도움을 받아 완수하는 경험을 말합니다. 아이가 "해 보고 싶어"라고 방향을 정하면 부모는 그 미숙한 신체와 인지 능력을 보완해 주는 조력자가 됩니다. 그렇게 함께 과제를 해결해 나가며 아이는 '나는 시도할 수 있고, 필요하면 도움을 받아 완성할 수 있다'는 것을 익히게 됩니다.

 이 시기에 저희 아이는 파리지옥과 끈끈이주걱을 키우고 싶어 했습니다. 혼자 식물을 사러 갈 수는 없었기에 우리는 아이를 데리고 화훼농원에 갔고 아이가 직접 고른 식물을 사줬습니다. 그리고 스스로 물을 주고 싶어 하는 마음을 존중해서 햇빛이 잘 들고 물이 흘러도 괜찮은 베란다에 식충식물과 물조리개를 두었습니다. 아이는 자신이 파리지옥과 끈끈

이주걱을 샀고 물도 직접 주고 개미도 잡아서 먹인다고 자랑하고 다녔습니다. 부모의 도움을 받아 해낸 일이지만 아이는 자신의 계획에서부터 시작된 일이었으므로 자신이 해낸 일이라 믿었습니다.

이런 경험도 있었습니다. 어느 날 아침, 일찍 일어난 남편이 전날 밤 아이가 어질러 둔 장난감을 정리하다가 제게 물었습니다. "이것도 강이가 만든 거야?" 순간 저는 어떻게 답해야 할지 몰라 망설였습니다. 자석 블록으로 만든 경찰차는 아이의 요청에 따라 제가 붙여 완성한 것이었기 때문입니다. 자석의 힘이 약해 형태가 자꾸 무너졌고, 아이는 몇 차례 시도 끝에 짜증을 내며 놀이를 멈추었습니다. 그대로 끝나는 듯했지만 잠시 생각을 고친 아이는 제게 말했습니다. "엄마, 내가 말하는 대로 좀 붙여 줘." 저는 아이가 지시하는 위치에 블록을 붙였습니다. 아이는 색과 위치, 모양을 하나하나 설명했고 저는 그 설명에 따라 손을 움직였습니다. 완성된 작품을 본 아이는 "맞아! 이거야!" 하고 환하게 웃었습니다. 엄마인 제 손으로 만들기는 했지만 이 구성물의 설계자이자 감독은 아이였습니다.

다음 날 아침 아이가 잠에서 깨자 남편은 아이에게 "이 경찰차는 누가 만든 거야?" 하고 물었습니다. 그러자 아이는 "내가 만들었지. 엄마가 도와줘서 내가 만든 거야."라고 답했습니다. 이것이 바로 '진짜 스스로'

의 한 모습일 것입니다. '진짜 스스로'의 경험을 충분히 쌓은 아이는 점차 능동적으로 놀이를 기획하는 아이로 자랍니다. 더 나아가 학습의 주도권을 스스로 쥘 수 있는 학생이 될 가능성도 커집니다. 길게 보면 자신이 원하는 길을 탐색하고 선택하며 살아가는 자율적인 인간으로 성장할지도 모릅니다. 그리고 그 첫 단추가 꿰어지는 시기가 바로 지금 이 시기입니다.

아이가 스스로 생각하고 원하는 결과를 향해 나아갈 때에는 그 과정에 기꺼이 동행해 주세요. 아이가 요청하는 도움을 신뢰 속에서 받아들여 준다면 아이는 부모를 든든한 기반으로 여기며 더 큰 도전에 나설 용기를 얻게 됩니다. 대근육과 소근육, 그리고 인지 능력이 충분히 성숙하기 전까지 부모는 아이 곁의 지지대가 되어 주어야 합니다. 지지대 없이 높이 자라나는 토마토가 없듯 안정적인 지지가 있을 때 비로소 아이는 위로 뻗어 오를 수 있습니다.

"스스로 해 봐." "빨리 독립해야지."라는 말로 자율성을 재촉하지 마세요. 아이는 부모의 도움을 통해 자신의 현재 능력보다 한 걸음 더 나아간 경험을 하며 세상을 넓혀 갑니다. **결국 자율성이란 혼자 해내는 상태가 아니라, 스스로 선택하고 그 선택의 결과를 책임지는 경험입니다. 그리고 그 경험은 안전한 지지 위에서 자랍니다.**

【생각하기 단계의 영아를 키우고 있는 부모를 위해】

"결과에만 매달리지 말고, 새로운 시도를 해 보세요"

이 시기의 아이는 끊임없이 시도하고, 실패하고, 다시 도전하며 세상을 탐구합니다. 집 안의 물건은 좀처럼 제자리에 머물지 않고 여기저기 흩어지고 어질러집니다. 치워도 치워도 끝이 없는 집을 바라보며 한숨이 절로 나올지도 모릅니다.

이 시기가 되면 많은 부모가 자신의 '청결에 대한 기준'을 고민합니다. "아이를 키우지만 집은 완벽하게 깨끗했으면 좋겠어요."라고 말하며 어려움을 털어놓기도 합니다. 정돈된 환경은 분명 삶을 안정시키는 힘이 있습니다. 그러나 탐색과 실험이 활발한 이 시기에는 완벽한 정리를 유지하기가 쉽지 않습니다. 다행히도 아이는 자라나고 장난감을 어질러 놓는 행동은 서서히 줄어들며 집은 다시 제자리를 찾아갑니다. 그러니

이 시기만큼은 결과보다 과정을 조금 더 소중히 여겨 주십시오.

아이들은 눈앞에 펼쳐진 장면을 직접 경험하며 배웁니다. 쉬지 않고 탐색하고 새로운 시도를 한다는 것은 배우고자 하는 욕구가 강하다는 신호일 수 있습니다. 아이를 이해하기 위해 부모 역시 새로운 시도를 해 보는 것도 도움이 됩니다.

저는 이 시기에 부모를 위한 집단상담 수련을 시작했습니다. 낯선 사람들 앞에서 강의하고 상담하는 일은 불안하고 어려웠습니다. 하지만 강의와 상담을 반복하며 계속하여 경험을 쌓자 점점 능숙해지고 여유로워졌습니다. 그 경험을 통해 저는 깨달았습니다.

'우리 아이도 나처럼 긴장과 불안을 품은 채, 용기를 내어 세상을 탐색하고 있겠구나.'

3~6세 (1) :
"네가 누구인지 알아가게 될 거야."

'내 힘은 어디까지일까? 나는 무엇을 할 수 있고, 어디에서 멈추어야 할까?'

이 시기의 아이는 사회적 관계 속에서 자신의 능력과 한계를 조금씩 확인해 갑니다. 무엇이든 해낼 수 있을 것 같은 자신감은 경험을 통해 가능과 불가능을 구분하는 힘으로 다듬어집니다. 때로는 실패를 통해 멈춤을 배우고, 때로는 반복된 시도를 통해 자신의 한계를 한 뼘 더 넓혀 갑니다.

아이의 도전을 서둘러 평가하지 말아 주세요. "잘했어."나 "그건 아직 어려워."라는 말보다, 직접 해 보고 느끼고 판단할 수 있는 기회를 주는 것이 더 큰 배움이 될 수 있습니다. 자신의 능력을 부모의 언어로 규정하기보다, 스스로의 경험을 통해 확인하도록 도와주세요. 경험을 통해 알게 된 한계는 좌절이 아니라 기준이 됩니다. 그리고 그 기준 위에서 아이는 다시 도전할 용기를 얻습니다.

💬 **"너의 행동에 대한 결과를 배울 수 있어."**

　세 돌 반쯤 되었을 때 아이는 축구 교실에 다니고 싶다고 했습니다. 체격도 작고 아직 어려 40분 수업을 버틸 수 있을지 걱정이 앞섰습니다. 몇 차례 요청을 무시했으나 아이는 쉽게 단념하지 않았습니다. 결국 남편이 축구 교실에 문의했고 감독님은 원래 다섯 살부터 수업이 가능하지만 테스트를 해 본 뒤 결정하자고 했습니다. 아이는 형, 누나들과 함께 40분을 끝까지 뛰어냈습니다. 어리지만 의지가 분명하고 지시를 잘 따른다는 말도 들었습니다. 우리는 입단이 가능하다는 소식에 아이를 축하하며 등록할지 물었습니다. 하지만 아이의 대답은 의외로 단호했습니다. "목이 너무 마르고 숨이 너무 차서, 그냥 형아가 되면 올래." 직접 뛰어본 뒤에야 아이는 자신의 한계를 알게 되었습니다. 한 번의 경험은 열 번의 설명보다 효과적이었습니다.

　얼마 지나지 않아 아이는 영상에서 본 롤러코스터를 타보고 싶다고 했습니다. 그러나 영상 속 롤러코스터는 아직 아이가 타기에는 어려운 놀이기구였습니다. 키도 100cm에 불과해 실제 탑승이 불가능한 수준이었습니다. 그럼에도 이번에도 경험을 통해 배우게 해 보기로 했습니다. 놀이기구를 하나 정도 타고 나올 것을 알면서 비싼 입장료를 흔쾌히 지불했습니다. 아이는 무척 들떠 있었고, 영상과 비슷해 보이는 롤러코스터를 자신 있게 골랐습니다. 긴 줄이 늘어서 있었지만 빨리 타고 싶은 마음에 자꾸 앞으로 나아가려 했고 우리는 몇 번이나 아이를 다시 데려와야 했습니다. 긴 기다림 끝에 차례가 되었고 롤러코스터는 빠르게 출발했습니다. 그 순간 아이의 얼굴이 굳었습니다. "악! 무서워! 무서워!" 짧은 비행이 끝난 뒤 아이는 한동안 놀이공원 이야기를 꺼내지 않았습니다. 그러고 2년쯤 지나 "이제는 형아가 되었으니 다시 탈 수 있을 것 같아."라고 말했습니다. 지금은 놀이기구를 즐기는 씩씩한 아이가 되었습니다.

우리는 부모의 판단만으로 아이의 의지를 꺾어버리지 않으려 했습니다. 부모의 판단이 더 정확할 수는 있습니다. 그러나 이 시기의 아이는 스스로 정한 목표의 결과를 몸으로 겪으며 배웁니다. 부모가 기다려 줄 수 있는 범위 안에서 아이가 기대와 현실을 직접 확인하도록 돕는 일. 그 경험이 아이를 자라게 합니다.

💬 "네가 하고 싶은 일을 잘하는 사람이 될 수 있어."

아이는 이 시기에 귀여운 괴물들이 악기를 연주하는 게임을 즐겼습니다. 여러 가지 괴물 중에서도 특히 드럼을 연주하는 캐릭터에 마음을 빼앗겼습니다. 음악을 들을 때면 드럼 소리에 더 귀를 기울였고, 입으로 리듬을 흉내 내기도 했습니다. 그러던 어느 날부터 드럼을 갖고 싶어 했고, 현실적인 문제들을 고려해 접을 수 있는 휴대용 전자 드럼을 마련해 줬습니다. 그러나 실제 드럼이 아니어서인지 아이의 관심은 오래가지 않았습니다. 남편은 아이에게 진짜 드럼을 연주하는 경험을 하게 해 주고 싶어 집 근처 실용음악학원을 알아보고 등록했습니다. 드럼 선생님께서는 일곱 살까지는 가르쳐 본 경험이 있지만 여섯 살은 처음이라며 흥미로워하셨습니다. 아이는 드럼 수업을 잘 따랐고 한동안 아주 열심히 드럼을 쳤습니다.

꿈은 언제든 바뀔 수 있습니다. 그러나 자신이 좋아하는 것을 붙잡고 애써 본 경험은 아이를 단단하고 용기 있게 만듭니다. 우리는 아이가 무엇이 되기를 바라지 않습니다. 다만 어떤 삶을 살아갈지 궁금할 뿐입니다. 분명한 것은 우리의 예상보다 더 흥미로운 삶을 살아가리라는 기대가 된다는 사실입니다.

어린이집에서 돌아온 아이는 같은 반 여섯 살 친구와 몇몇 다섯 살 동생들은 이미 글자를 읽는다고 말했습니다. 그러면서 "엄마가 글자를 안 가르쳐줘서 내가 글자를 모르는 바보 어른이 될까봐 걱정이야."라며 제 탓을 했습니다. 저는 아이에게 "엄마 생각에는 일곱 살이 되면 글자를 자연스럽게 알게 될 것 같으니 걱정하지 않아도 돼."라고 말했습니다.

그리고 아이마다 잘하는 것이 다르다고 덧붙였습니다. 의욕이 넘치는 날이면 그림책을 가지고 와서는 글자 공부를 하자고 조르기도 합니다. 잠시 글자를 따라 읽다가 이내 놀이를 하러 달려가지만 공부보다 놀이를 당연하게 여기는 모습이 참 보기 좋습니다. 아이에게 놀이는 가장 중요한 일입니다. 아이에게는 노는 것이 곧 일이므로 자신을 "세상에서 가장 열심히 일하는 꼬마"라고 말하며 끝내주게 노는 그 동심을 지금처럼 지켜 주고 싶습니다.

아이를 칭찬할 때는 행동을 구체적으로 짚어 주는 것이 좋다고 합니다. 아이를 세심하게 바라보고 그 순간의 모습에 어울리는 이름을 붙여 주세요.

"박자를 참 정확하게 느끼는구나. 드럼 소리가 정말 듣기 좋아."
"색칠은 금방 지루해하지만, 스케치는 끝까지 집중해서 해내는구나."

이처럼 구체적인 언어로 아이의 모습을 비춰 주다 보면 아이는 "나는 최고야"라는 한 장의 꼬리표 대신 여러 빛깔의 이름을 갖게 됩니다. 그리고 그 이름들은 아이를 더 단단하게 세워 줍니다. 우리는 아이에게 어떤 이름을 건네고 있을까요. 한 가지 평가로 아이를 설명하고 있지는 않은지 돌아보게 됩니다. 자신이 애쓴 부분을 인정받은 아이는 그 기쁨을 기억합니다. 그 기억은 재능을 갈고닦는 힘이 됩니다.

　지금의 관심이 훗날 어떤 모습으로 이어질지는 알 수 없습니다. 그러니 앞서 판단하기보다, 아이가 해 보고 싶다는 일을 끝까지 해 볼 수 있도록 곁을 지켜 주세요. 아이는 무엇이 되겠다고 다짐하며 자라는 것이 아니라, 작지만 성취한 경험을 바탕으로 다시 도전할 용기를 얻을 것입니다.

💬 "도움이 필요하면 언제든지 도와줄게."

　이 시기에도 "네가 할 거야!"라는 말은 여전합니다. 다만 이제는 스스로 할 수 있는 일과 도움이 필요한 일을 조금씩 구분하기 시작합니다. 아이는 저와 함께 요리하는 시간을 좋아했습니다. 예전에는 애호박을 통째로 잡고 혼자 썰겠다며 고집을 부렸다면 이제는 "엄마가 작게 잘라 주면 그다음은 내가 할게." 하고 먼저 도움을 청합니다. 그림을 그릴 때도 스케치는 직접 하고 색칠은 제게 부탁하기도 합니다. 삐뚤빼뚤 쓴 글자를 내밀면 저는 그것을 오려 벽에 붙여 줍니다. 곁에서 조금 거들어 주는 일은 아이에게 새로운 시도를 이어 갈 힘이 됩니다. 함께하는 시간은 아이의 생각을 더욱 넓혀 줍니다.

아이가 손을 내밀 때 닿을 수 있는 자리에 머물러 주세요. 도움은 자율성을 대신하는 일이 아니라 자율성이 자라도록 돕는 일일 수 있습니다. 필요하다고 말할 때 기꺼이 응답해 주는 것, 그 신뢰 위에서 아이는 자신의 한계를 넘어 보려 합니다.

남편은 언제나 아이가 딛고 올라설 수 있는 디딤돌 같은 역할을 해 주었습니다. 자신의 관심과 아이의 관심이 만나는 지점을 찾고, 먼저 시범을 보이거나 곁에서 도우며 조금 어려운 과제를 함께 해냈습니다. 한 단계 높은 수준의 레고를 사서 같이 조립하고, 오락실에서는 아이를 무릎에 앉혀 눈높이를 맞춘 채 자동차 게임을 알려 주기도 했습니다.

아이가 실용음악학원에서 드럼을 배우는 동안 남편은 베이스 기타 레슨을 받았습니다. 집으로 돌아오면 둘은 나란히 앉아 태블릿으로 작곡 게임을 합니다. 스마트폰으로 악보를 찾아 화면에 음표를 입력하고 드럼과 베이스 소리를 더해 하나의 곡을 완성합니다. 음악이 흐르면 몸을 들썩이는 두 사람의 모습은 꼭 또래 친구 같습니다.

가장 큰 지원은 물고기를 키우고 싶다는 아이의 마음을 받아들인 일이었습니다. 저는 생물을 꾸준히 돌보는 데 서툰 편이지만 남편은 책임감 있게 돌볼 준비가 되어 있었습니다. 아이는 세 돌이 지나면서부터 물고기를 키우고 싶다고 말해왔고 남편은 반년 가까이 고민한 끝에 2022년 가을 어항을 들였습니다. 그 후 2년 반 동안 남편은 아침저녁으로 먹이를 주고 매달 어항을 청소했습니다. 그 꾸준함 덕분에 아이도 밥을 주고 물달팽이를 건져내며 생명을 돌보는 기쁨을 경험할 수 있었습니다. "오늘은 내가 물고기 밥 줬어!"라고 말하는 아이의 목소리 뒤에는 보이지 않게 어항을 지켜 온 아버지의 시간이 있습니다.

이 시기가 되면 주변에서 "이제 애 다 키웠네."라는 말을 종종 듣습니다. 혼자 해내는 일이 부쩍 늘었지만 아이는 여전히 부모의 도움을 바라보고 기대합니다. 부모는 딱 한발 앞선 또래처럼 아이의 성장을 살짝 끌어 주는 자리에 서면 됩니다. 함께 경험하고 함께 즐기는 시간 속에서 아이는 자연스럽게 한 걸음 더 나아갑니다. 부모라는 단단한 발판 위에서 아이는 자기 힘으로 더 높이 자라납니다.

💬 "너의 힘을 좋은 일에 사용할 수 있도록 여러 가지 방법들을 시도해 보자"

이 시기에는 아이도 가정의 한 구성원으로 역할을 맡고 싶어 합니다. 평일에는 함께하는 시간이 부족하지만 주말에는 청소나 어항 관리처럼 아이가 감당할 수 있는 일을 건넬 수 있습니다. 자신의 수고를 인정받은 아이는 스스로를 믿고 다시 도전하려 합니다. 집안일을 돕고, 동식물을 돌보고, 쓰레기를 분리하며 아이는 자기 효능감을 채워 갑니다. 아이가 애쓴 만큼 인정받고 있는지 돌아보게 됩니다.

  자존감을 키우는 방법은 두 가지로 나눌 수 있습니다. 하나는 존재 자체에 대한 인정, 다른 하나는 노력에 대한 인정입니다. 존재에 대한 인정은 "네가 우리 아이라서 참 고마워.", "네가 있어서 행복해."와 같은 말 그리고 포옹과 미소처럼 이유를 묻지 않는 애정입니다. 노력에 대한 인정은 "걸레질을 꼼꼼하게 했구나.", "장난감을 정리해 두니 집이 한결 깨끗해졌어."처럼 구체적인 행동을 짚어 주는 말입니다. 엄지를 세워 주거나 하이파이브를 건네는 것도 그 표현이 됩니다.

  존재를 인정받은 아이는 관계 속에서 안정감을 배우고, 노력을 인정받은 아이는 능력을 키울 힘을 얻습니다. 이 두 축이 균형을 이룰 때 아이는 관계 안에서 환영받고 자신의 재능을 펼칠 기회를 만납니다. 능력만으로는 충분하지 않고 관계만으로도 완전하지 않습니다. 아이는 그 사이에서 자랍니다. 존재 자체에 대한 인정과 노력에 대한 인정은 균형 있게 주어야 합니다. 칭찬이 힘이 된다는 말은 익숙하지만 "너는 최고야."라는 한마디로 대신하는 칭찬은 아이를 오히려 멈칫하게 할 수 있습니다. 달콤한 말이지만 그 안에는 무엇을 잘했는지에 대한 단서가 없습니다. 아이는 '어떤 노력을 하면 다시 들을 수 있을까' 고민해 보지만 일관되지 않은 반응은 방향을 알려 주지 못합니다. 때로는 칭찬 자체가 목적이 되어 쉬운 일에만 머무는 결과를 낳기도 합니다.

아침에 눈을 뜰 때와 잠자리에 들기 전 존재 자체에 대한 인정을 건네보세요. 안아 주고 좋아한다고 말해 주세요. 그리고 매일 반복되는 작은 일들에 대해 구체적으로 짚어 주세요. 가방을 정리하고, 이를 닦고, 그릇을 싱크대에 넣고, 이불을 정리하는 일처럼 스스로 해낼 수 있는 기회를 마련해 주고 그 수고를 인정해 주세요.

"이를 깨끗이 닦았구나."
"그릇을 제자리에 잘 두었네."
"이불을 반듯하게 접었네. 덕분에 방이 정돈됐어."

이 정도의 언어면 충분합니다. 특별한 사건이 없어도 일상 안에서 존재와 노력을 함께 인정할 수 있습니다. **자존감은 충분한 보호를 통해 지켜지는 것이 아니라 알아봐 주는 눈길 속에서 자라나는 것입니다.**

3~6세 (2) :
"네 힘을 좋은 일에 사용할 수 있어."

"나만의 능력을 지닌, 진정한 나로 자라도 괜찮을까?"

이 시기의 유아는 이전 단계에서 다진 자율성을 바탕으로, 타인과 구별되는 자신의 정체성을 찾아갑니다. 비교 속에서 자신을 재단하기보다, 있는 그대로의 존재로 인정받을 때 아이는 비로소 자기 모습을 또렷하게 그려 갑니다. 상상과 현실을 오가며 자신을 탐색하는 그 과정을 그대로 받아 주세요. 판단보다 이해로, 교정보다 신뢰로 곁에 서 있어 주세요. 아이는 삶에 단단히 뿌리내리면서도, 세상을 향해 조심스럽게 날개를 펼칠 것입니다.

💬 "네가 누구인지, 그리고 다른 사람들은 어떤 사람들인지 점차 알아 가게 될 거야."

아이는 자신을 자연에 빗대어 말하길 좋아합니다.

"엄마, 나한테는 지구가 다 들어 있어."

"나는 산을 닮았어. 산은 끄떡없이 앉아 있잖아."

"이렇게 나뭇가지를 들고 하늘로 뻗으면, 나무 같지 않아?"

자연을 탐색하며 얻은 감각과 기억으로 자신을 설명하는 모습이 인상 깊었습니다. 그저 자연에서 뛰놀았을 뿐인데 아이는 어느새 자신을 둘러싼 세계를 통해 스스로를 비추기 시작했습니다. 이 단계의 중요한 과업은 정체성을 세우는 일입니다. '나는 누구인가'라는 질문에 답을 찾아가는 과정입니다. 자신을 알기 위해서는 비춰 볼 대상이 필요합니다. 자연은 흐르는 물과 묵묵히 서 있는 산, 단단한 바위와 저마다의 빛을 가진 꽃처럼, 변함과 다양함을 함께 보여 줍니다. 저의 친정이 산에 있어 아이는 격주로 그곳에서 시간을 보냈습니다. 바위에 오르고 나무를 만지고 개구리를 바라보며 아이는 그 안에서 자기와 닮은 점을 찾아냈습니다. **자연이라는 환경이 아이가 자신을 이해하는 거울이 되어 주고 있었습니다.**

개구리, 개미, 사마귀, 콩벌레, 무당벌레. 아이는 자주 만나는 동물과 곤충에게 모두 '친구'라는 이름을 붙입니다. 그리고 그 친구들을 하나하나 우리에게 소개합니다. 이 자연의 친구들은 종마다 모습과 습성이 다르지만 같은 종 안에서는 비교적 일관된 특성을 보입니다. 영유아를 돌보며 저는 종종 궁금했습니다. '왜 아이들은 동물을 좋아할까?' 아이를 키우며 떠오른 생각은 이것이었습니다. '동물은 예측이 가능하기 때문 아닐까?'

사람은 상황에 따라 말과 표정, 태도가 달라집니다. 그 변화는 아이에게 때로 복잡하게 느껴질 수 있습니다. 반면 동물과 곤충은 아이가 관찰하는 범위 안에서 비교적 분명한 특징을 유지합니다. 물론 그들도 환경에 따라 행동이 달라집니다. 그러나 아이 앞에서 감정이나 욕구를 직접적으로 표현하지 않기에 아이에게는 보다 단순하고 일관된 존재로 인식될 수 있습니다. 어쩌면 아이는 그 안정감 속에서 세상을 배우고 있는지도 모릅니다.

부모의 반응과 말은 아이가 자신을 이해하는 토대가 됩니다. 부모에게서 들은 자신에 대한 정보는 아이의 자기 인식을 넓혀 갑니다. 아래와 같이 부모가 아이 안에 있는 힘과 마음을 구체적으로 비추어 주면 아이는 자신을 조금씩 알아갑니다.

"너는 태양처럼 따뜻해서 안아 주고 싶어."
"버텨 내는 힘이 참 단단하네. 큰 바위 같아."
"와, 치타처럼 빠르구나."

저에게는 두 살 아래 여동생이 있습니다. 비슷한 시기에 결혼해 아이를 낳으면서 우리는 자주 만나 시간을 보냅니다. 주말이면 조카들과 함께 자연에서 뛰놀고, 한집에 모여 아웅다웅하는 시간이 이어집니다. 그 시간은 삶에 내리는 단비 같고 따뜻한 햇살 같습니다. 덕분에 아이는 외동이지만 친밀함과 경쟁을 함께 경험했습니다. 그 안에서 자신과 타인을 이해하는 폭도 넓어졌습니다. 이해관계에서 비교적 자유로운 관계라는 점에서 혈연은 아이에게 안정된 배경이 되어 주었습니다. 물론 모든 경우가 그렇다고 말할 수는 없습니다. 다만 체력과 시간이 늘 빠듯한 워킹맘의 일상에서 사적인 목적 없이 이웃과 깊이 교류하기는 쉽지 않았습니다.

이종사촌들과의 관계 속에서 아이는 누나와의 거리도 배우고 동생을 바라보는 시선도 익혔습니다. 함께 노는 시간이 아쉬워 눈물로 헤어진 날도 있었고 다투고 시샘하다 서운한 마음으로 돌아선 적도 있었습니다. 그럼에도 다시 만나면 언제 그랬냐는 듯 어울리는 사이, 아이에게 사촌들은 가장 가까운 친구입니다. 상처를 주고받는 시간 속에서도 서로의 자리를 쉽게 떠나지 않는 관계 안에서 아이는 타인을 이해하는 법을 배웠습니다.

사촌지간이어도 좋고 이웃사촌이어도 좋습니다. 지속적으로 만나 친밀을 쌓아 갈 수 있는 관계는 아이에게 큰 자산이 됩니다. 저는 책을 읽을 때도 여러 권을 넓게 펼치기보다 마음에 드는 책을 여러 번 반복해 읽는 편입니다. 사람을 깊이 만나기 위해서도 비슷한 시간이 필요합니다. 같은 얼굴을 여러 번 마주하며 쌓이는 경험이 관계를 단단하게 만듭니다. 아이에게도 그런 인적 환경이 곁에 머물 수 있기를 바랍니다.

💬 "네가 느끼는 건 무엇이든 괜찮아."
💬 "있는 그대로의 너를 사랑해."

아이는 역할놀이를 유난히 좋아했습니다. 함께 역할을 나누어 노는 시간은 아이가 무엇을 좋아하고 무엇을 꿈꾸는지 들여다볼 수 있는 창이 되었습니다. 상상 속에서 마음껏 헤엄치는 그 시간을 충분히 허락해 주세요. 물론 이 시기의 아이는 상상과 현실을 구분하고 현실에 적응해 가야 합니다. 그러나 한때 세상의 중심이 자신이라고 믿었던 아이가 이제는 그렇지 않다는 사실을 받아들이는 과정은 결코 가볍지 않습니다. 그 변화는 아이에게 작은 상실처럼 느껴질 수 있습니다. 현실이 버거울 때 아이는 잠시 상상으로 돌아가 숨을 고릅니다. 그 세계는 도피가 아니라 회복의 자리일지도 모릅니다. 충분히 머물 수 있을 때 아이는 다시 현실로 돌아올 힘을 얻습니다.

저는 상상력과 판타지 문학이 정서의 회복에 힘이 된다고 믿습니다. 청소년기 저에게 『해리 포터』는 잠시 숨을 고를 수 있는 세계였습니다. 기대에 미치지 못한 성적과 마음에 들지 않던 외모는 저를 자주 위축시켰습니다. 그럴 때마다 어린 마법사의 이야기는 용기와 희망을 건넸고, 다시 현실로 돌아와 마주할 힘을 주었습니다. 그래서 아이가 이 단계에 들어섰을 때 판타지 동화와 생활 동화를 균형 있게 읽어 주려 했습니다. 상상의 세계를 경험하는 일은 현실을 또렷하게 바라보는 데에도 도움이 된다고 생각하기 때문입니다. 상상의 세계를 경험했을 때 지금 서 있는 현실의 세계가 더 분명해집니다.

아이를 현실적인 사람으로 키우고 싶다면 때로는 상상으로 빠져드는 시간을 허락해도 좋겠습니다. 그곳에서 아이는 상상의 친구와 말하고 놀며 허구와 현실의 경계를 배웁니다. 그리고 결국 현실에 발을 딛고 서 있는 자신을 발견합니다. 어려움을 넘어설 힘이 자기 안에 있음을 천천히 알아갑니다.

저희 아이에게는 '예전이'라는 상상의 친구가 있었습니다. 아이는 종종 예전이에 대해 들려주었습니다. 예전이는 한 살 어린 여자아이였고 비행기와 자동차를 오래 타고 가야 닿을 수 있는 먼 마을에 산다고 했습니다. 우리에게는 보여 줄 수 없지만 자신은 원하면 언제든 만나러 갈 수 있다고도 했습니다. 어떤 날은 예전이 학교의 영어 선생님이라 했다가 또 어떤 날은 교장선생님이라고 했습니다. 아마 엄마와 아빠의 직업을 의식하며 자신도 영향력을 가진 존재고 싶었던 마음이 담겨 있었을 것입니다. 새로운 음식을 맛 볼 때에도 "이건 예전이랑 먹어 본 거야."라며 어깨를 으쓱했습니다.

현실에서는 네 살 남짓한 작은 아이였지만 예전이가 있는 세계에서만큼은 무엇이든 해 본, 무엇이든 할 수 있는 멋진 존재였습니다. 우리는 그 이야기를 가볍게 여기지 않았습니다. 놀리기보다 감탄했고, 멋지다며 함께 기뻐했습니다. 다섯 살 반을 지나면서 예전이는 조금씩 멀어졌습니다. 어느 날 문득 예전이의 안부를 물었습니다. 아이는 예전이가 죽었지만 아프지 않았고 하늘나라에서 행복하게 지낸다고 말했습니다. 그 말을 듣는 순간 영화 〈인사이드 아웃〉의 빙봉이 떠올랐습니다. 라일리의 성장을 돕고 기억 속으로 사라지던 장면처럼 예전이 역시 아이의 한 시기를 지켜 주고 떠난 것만 같았습니다.

아이는 이제 상상과 현실을 구분할 줄 아는 나이가 되었습니다. 자신이 누구인지, 현실에서 어떤 힘을 갖고 있는지, 원하는 것을 이루기 위해 어떤 노력이 필요한지도 조금씩 알아 가는 듯했습니다. 자기중심성에서 벗어나 현실을 마주하던 그 고된 시간을 함께해 준 예전이에게 아이를 대신해서 제가 인사를 건네고 싶습니다. **"고마웠어, 예전아."**

　아이의 발달 단계에 대한 이해가 없었다면 허무맹랑해 보이는 이야기에 놀라고 염려했을지도 모릅니다. 그러나 유아기의 특성을 알고 있었기에 상상과 환상을 있는 그대로 바라볼 수 있었습니다. 아이가 현실에 단단히 뿌리내리면서도 세상을 향해 날개를 펼치도록 돕는 일은 거창하지 않습니다. 아이의 상상 속 이야기를 끝까지 들어 주고 그 안에서 전지전능한 모습으로 존재하는 아이를 인정해 주는 일입니다. 상상이 허락된 아이는 그 세계에서 충분히 머문 뒤 스스로 현실로 돌아옵니다.

　상상할 수 없을 때, 아이는 현실을 더 두렵게 느끼거나 상상 속으로 숨어들고 싶어질지도 모릅니다. 한때 세상의 중심이라 믿으며 고집을 부리던 아이가 이제는 자신과 타인을 구분하고, 그 과정에서 작은 상실과 아픔을 배워 갑니다. 그 감정을 서두르지 말고 이해해 주세요. 상상의 세계에서 마음을 다독이고 다시 걸어 나올 시간을 아이에게 허락해 주세요.

　우리가 아이들에게 줄 수 있는 유산은 단 두 가지뿐입니다.
　하나는 뿌리이고 다른 하나는 날개입니다.

-괴테-

【정체성과 힘 단계의 유아를 키우고 있는 부모를 위해】

"자신을 드러내는 것을 부끄러워하지 마세요"

이 시기의 아이는 시샘도 많고 욕심도 많은 것처럼 보입니다. 만약 아이의 그런 모습이 불편하게 느껴진다면 부모 자신은 자신의 욕구를 충분히 표현하며 살아가고 있는지 돌아보세요. 혹은 나의 유아기는 마음껏 표현하고 요구할 수 있었던 시간이었는지 떠올려 보세요. 만약 그렇지 못했다는 생각이 든다면 지금이라도 아이와 함께 마음껏 표현하고 드러내며 즐겁게 살아 보는 것도 한 가지 방법일 수 있습니다.

아이와 같은 옷을 커플로 입어도 좋고 아이의 귀여운 액세서리를 살짝 머리 위에 얹어보아도 좋습니다. 아이가 좋아하는 물놀이를 함께하기 위해 수영복을 입고 멋진 선글라스를 써 볼 수도 있습니다. 할로윈 파티에서 재미난 의상을 입고 춤을 추어도 좋고 기념일에는 정성껏 차

려입고 가족 사진을 찍으러 가는 것도 좋습니다. 아이 덕분에 내 안에 웅크리고 있던 어린아이의 자존감을 다시 살려줄 절호의 기회를 얻었다고 생각해 보세요.

저는 아이와 함께 매일 그림을 그리고 피아노를 칩니다. 제대로 배운 적은 없지만 그저 마음 가는 대로 실컷 그리고 실컷 두드립니다. 그것만으로도 나의 생각과 느낌, 욕구가 온전히 받아들여지는 기분을 느낍니다. 아이를 키운다는 것은 어쩌면 잊고 있던 나 자신을 다시 사랑하는 일인지도 모릅니다. 오늘 하루만이라도 아이와 함께 마음속 어린아이의 손을 꼭 잡아보세요.

3장 아이를 대하듯 '나'를 돌봅니다

3장 요약 : 가장 깊이 배우는 방법은 누군가에게 내가 아는 것을 전해 보는 일입니다. 인생도 다르지 않습니다. 자녀에게 삶을 이야기하는 과정에서 부모 역시 자신의 삶을 다시 배우게 됩니다. 아이를 키우기로 했다면, 그 시간을 통해 함께 성장하는 길을 선택해 볼 수 있습니다. 이 장은 자녀의 성장을 지켜보는 동안 부모가 자신의 결핍을 마주하고, 그것을 채우며 다시 자라나는 방법을 안내합니다.

3장 대표 키워드 :

결핍, 재성장, 다시 성장하기, 자기계발, 자기 돌봄

독자를 향한 짧은 질문 :

우리는 누구나 평범한 인간에 의해 길러졌으므로 결핍이 있을 수 있습니다.
그리고 그 결핍을 다시 찾아 메울 수 있는 힘과 지혜도 우리 안에 있습니다.
아이를 돌보듯이 '나' 자신을 돌보는 방법은 무엇일까요?

성장의 기회는
어른에게도 다시 돌아옵니다

저는 〈하울의 움직이는 성〉의 OST, 히사이시 조의 〈인생의 회전목마〉를 좋아합니다. 이 영화는 아름다움에 대한 환상을 지닌 하울과 젊음을 잃고 노인이 되어 버린 소피의 이야기를 담고 있습니다. 젊음과 아름다움은 한 번 지나가면 되돌릴 수 없다고 말합니다. 그러나 생물학적 나이와 내면의 성장은 반드시 같은 속도로 흐르지는 않습니다. 몸은 늙어 가도 마음은 다시 자랄 수 있습니다. 어쩌면 내면이 자랄 기회는 회전목마처럼 우리 곁을 맴돕니다. 지나간 줄 알았던 자리로 다시 돌아와 조용히 손을 내밉니다.

부모가 되고 아이의 성장을 바라보며 저는 발달을 다시 배우게 되었습니다. 누구도 완벽한 환경과 완벽한 부모 아래에서 자라지 않습니다. 우리는 저마다 작은 결핍을 안고 성장해 왔을 것입니다. 아이를 키우기 전에는 그 결핍을 인정하는 일도, 다시 채울 수 있으리라 기대하는 일도 쉽지 않았습니다. 그저 익숙한 방식대로 더 노력하고 멈추지 않으면 언젠가는 이길 수 있으리라 믿었습니다. 그러나 아이를 키우며 생각이 달라졌습니다. 성공은 어쩌면 제가 걷지 않았던 길 위에 있을지도 모른다는 깨달음이 찾아왔습니다. 잘하는 것을 더 잘하려 애쓰며 자신을 몰아붙이기보다 외면해 왔던 영역을 돌아보고 그 안에서 다시 배우는 것이 성장에 가깝다는 확신이 들었습니다.

이 장에서는 자녀의 발달 단계를 다시 살펴보려 합니다. 다만 이번에는 아이의 성장이 아니라 부모의 재성장에 초점을 둡니다. 아이가 지나온 단계 가운데, 유독 받아들이기 힘들었던 순간이 있었는지 돌아보려 합니다. 만약 그랬다면 그 지점은 부모에게도 다시 배워야 할 과제가 남아 있다는 신호일 수 있습니다. 아이는 그저 제 나이에 맞는 발달의 길을 걸었을 뿐입니다. 그 모습이 유난히 힘들게 느껴졌다면, 부모인 나는 그 시기의 과업을 충분히 살아냈는지 스스로에게 묻게 됩니다. **다행히도 늦은 시기란 없습니다. 우리는 언제든 다시 자랄 수 있습니다.**

되어가기(Becoming) :
"좋은 결과를 기대해도 좋아."

국공립 어린이집 원장 위탁 서류를 준비하던 때였습니다. 공고가 난 뒤 며칠이 지나서야 준비를 시작해 마음이 조급했습니다. 아이가 열 달쯤 되었을 무렵이었지만, 다행히도 밤잠을 깨지 않고 오래 자줘서 그 시간에 서류를 준비할 수 있었습니다. 시간에 대한 불안이 조금 가라앉자, 다른 걱정이 밀려왔습니다. '과연 내가 도전해도 되는 일일까.' 경력과 수상, 재산 등 여러 항목을 들여다볼수록 부족한 부분이 먼저 보였습니다. 매일 밤 남편에게 "지금이라도 그만둘까."라고 말하며 흔들렸습니다. 남편은 "일단 해 보는 거지. 안 될 거라고 미리 단정하지 말자."라고 말해 주었습니다. 그러나 저는 준비의 정도와 상관없이 결과를 기다리는 시간이 유난히 길고 버겁게 느껴졌습니다.

아이를 기다리는 열 달은 기쁨의 시간입니다. 누구나 좋은 부모가 되기를 바라며 세상에 올 아이를 설레는 마음으로 맞이합니다. 그 기다림의 감각을 기억해 두었다가 새로운 도전을 준비하는 시간에 꺼내 보아도 좋겠습니다.

"나에게도 좋은 결과가 있을 거야."
"나는 잘 해낼 수 있어."

이처럼 스스로에게 건네는 한마디가 마음의 방향을 바꿉니다. 준비와 노력의 시간은 어차피 지나가야 할 몫입니다. 그렇다면 그 시간을 조금은 밝은 정서로 채워 볼 수 있지 않을까요. 하루하루 배를 쓰다듬으며 아이를 기다리던 그 다정한 마음을 떠올려 보세요. 기다림은 막막함이 아니라 이미 시작된 성장의 시간일지도 모릅니다.

아이를 기다리던 열 달조차 불안으로 가득했다면 태내기의 '나'부터 다시 돌보는 방법도 있습니다. 이불 속에 포근히 몸을 눕히고 자장가를 들어보세요. 안락의자에 기대어 천천히 몸을 흔들어도 좋습니다. 심장 박동 소리를 틀어 두고 욕조 안에서 조용히 숨을 고르는 시간도 도움이 됩니다. 이런 작은 시도들은 마음 깊은 곳에 남아 있는 불안을 어루만지고 존재 자체에 대한 믿음과 기대를 다시 일으켜 세웁니다.

저는 활동적인 사람입니다. 국공립 어린이집 원장이 되고 나서는 역할과 책임 속에서 제약을 크게 느꼈습니다. 임신으로 일을 멈춰야 했던 열 달의 답답함이 위탁 계약 기간인 5년과 겹쳐 보이기도 했습니다. 그래서 집 근처 사우나를 등록하고 새벽마다 목욕을 다녔습니다. 온탕에 몸을 담그고 태아처럼 웅크린 채 깊게 호흡했습니다. 두 달쯤 지나 마음이 차분해졌고 출근길의 무게도 조금은 덜어졌습니다. 돌아보면 쉽지 않은 시간이었지만 그 시간을 성실히 건너왔기에 지금의 제가 있다고 믿습니다.

지금 당장 할 수 있는 일이 없다고 해서 혹은 원하는 일을 미뤄야 한다고 해서 자신을 몰아세우지 않아도 됩니다. 어떤 일이 이루어지기까지는 그에 걸맞은 시간이 필요합니다. 그 시간을 불안 대신 희망으로 채워 보세요. 자신을 믿고 좋은 결과를 기대하며 오늘 해야 할 일을 차분히 이어 가는 것, 그 태도가 결국 내일을 바꿉니다. 그러니 언제든 좋은 결과를 기대해도 괜찮습니다.

존재하기(Being) :
"필요하면 쉬어가도 괜찮아."

국공립 어린이집 원장을 퇴직하고, 마흔에 프리랜서 강사로 전직했습니다. 아이를 유치원에 보내고 돌아오면 강의 준비와 집안일로 하루를 채웠습니다. 그렇게 두 달쯤 지났을 무렵, 갑자기 깊은 무기력감이 밀려왔습니다. 그리고 낮잠을 잤습니다. 실컷 자고 일어나 보니, 일이 없는 날에는 이렇게 쉬어도 된다는 사실을 새삼 깨달았습니다. 언제든 잠시 멈출 수 있었는데, 왜 그토록 쉬지 않고 자신을 몰아세웠는지 돌아보게 되었습니다.

일을 할 때 늘 눈에 띄는 곳에 "천천히 한다고 해서 게으른 것은 아니야."라는 문구를 붙여 두었습니다. 그럼에도 손은 바빴고, 생각은 멈추지 않았습니다. 저는 휴대전화가 완전히 방전되어야 충전기를 찾고, 자동차에 주유등이 들어와야 주유소를 찾는 습관이 있습니다. 몸에게도 같은 방식을 적용하고 있었습니다. 직원들의 휴식은 챙기면서도 정작 제 휴식은 미뤘습니다. 남을 돌보느라 지친 몸을 돌아보지 못했습니다.

그 삶에서 벗어나고자 직장을 그만뒀지만 쉬지 못하는 습관은 그대로 였습니다. 문제는 직장이라는 구조에만 있지 않았습니다. 제 존재를 충분히 인정하지 못한 제 안에 있었습니다. 프리랜서로 지낸 지 1년, 이제는 일과 쉼의 균형을 조금씩 맞춰 가고 있습니다. 일이 많아 아이를 돌보는 데 어려움이 있을 때는 친정 부모님께 도움을 청합니다. 남편이 아이와 외출을 하면 굳이 함께 나서지 않고 집에서 낮잠을 자는 선택도 합니다. 쉬는 것을 미루지 않는 연습을 하고 있습니다.

아무리 힘들어도 완벽하게 해내야 한다는 강박과 타인에 대한 불신을 내려놓는 일은 쉽지 않았습니다. 마흔이 되고 보니 체력은 예전 같지 않고 기억력과 집중력도 달라졌음을 느낍니다. 그제야 욕심을 조금 내려놓게 되었습니다. 일에 대한 욕심 대신 집을 더 안락하고 포근하게 가꾸는 일에 마음이 갑니다. 내 안의 어린아이를 위해 먹고, 자고, 노는 시간을 더 살피고 싶어졌습니다.

하루의 절반은 나 자신을 신생아처럼 돌보는 데 쓰고 싶습니다. 열두 시간 중 여덟 시간은 충분히 자고 남은 시간은 먹고 쉬고 노는 데 쓰겠다는 다짐입니다. 식사를 천천히 하고 좋아하는 운동도 거르지 않겠다고 마음을 먹지만 현실은 좀처럼 뜻대로 되지 않습니다. 오히려 기존의 습관대로 서둘러 식사를 마치고 곧바로 책상 앞에 앉아 일을 하는 날이 더 많습니다. 그럼에도 이 다짐은 쉽게 포기하고 싶지 않습니다. 자주 실패하더라도 평생에 걸쳐 이어 가고 싶은 목표이기 때문입니다.

"완벽하지 않아도 괜찮아."
"늘 열심히 하지 않아도 괜찮아."
"서두르지 않아도 괜찮아."
"강하지 않아도 괜찮아."
"남을 위해서만 살지 않아도 괜찮아."

그러니 오늘도 스스로에게 말해 주세요. 쉬어가도 괜찮다고.

행동하기(Doing) :
"실수해도 괜찮아."

반복되는 일상에서 지루함을 느끼면서도 새로운 시도 앞에서는 쉽게 발을 떼지 못하는 사람이 있습니다. 완벽하게 해낼 수 있다는 확신이 들기 전까지는 아무것도 시작하지 않으며 안전함을 지키려 합니다.

저희 남편이 그랬습니다. 그래서 아이가 '행동하기'의 단계에 들어섰을 때 육아를 특히 힘들어했습니다. 아이는 만지면 안 되는 것을 만지고 쉼 없이 움직이며 위험해 보이는 곳으로 향했습니다. 남편은 늘 긴장한 채 아이를 따라다녀야 했습니다. 그러나 아이 덕분에 예상치 못한 장소에도 가 보고, 해 보지 않았던 경험도 하게 되었습니다. 그 과정에서 남편의 불안은 조금씩 옅어졌습니다. 이제는 새로운 경험을 더 즐기고 아이를 핑계 삼아 용기를 내기도 합니다. 그와 함께 활동 범위와 행동력도 자연스럽게 넓어졌습니다.

행동하기 시기의 아이들은 실수와 실패를 통해 배웁니다. 머릿속에 정보가 아무리 많아도 직접 겪어 보기 전에는 결과를 정확히 알기 어렵습니다. 어른의 삶도 다르지 않습니다. 생각이 많은 사람은 며칠을 고민하며 머뭇거리지만, 막상 현실이 되면 예상보다 단순한 경우도 많습니다.

마흔에 국공립 어린이집 원장 자리에서 물러나기로 했을 때도 그랬습니다. 전직에 실패하면 어쩌나 하는 두려움, 필요한 수입을 만들지 못하면 어쩌나 하는 걱정이 이어졌습니다. 그럼에도 퇴직을 선택했습니다. '실패해도 괜찮아. 나는 아직 젊잖아.' 하고 스스로에게 말하며 한 걸음 내디뎠습니다. 결과는 생각보다 잘 풀렸습니다. 남들은 뭐라 해도 제 기준에서는 충분히 만족스러운 전환이었습니다.

자기 문제를 해결할 수 있다는 믿음이 있다면 우리는 조금 더 용감해질 수 있습니다. 문제는 언제 어디서든 생깁니다. 때로는 내 책임일 수도 있고 누구의 잘못이라 말하기 어려운 일도 있습니다. 그럴수록 문제는 피하기보다 받아들여야 할 몫이 됩니다. 용감하게 도전하는 사람은 자신의 해결 능력을 신뢰합니다. 반대로 도전이 두려운 이유는 어쩌면 그 능력을 믿지 못하기 때문일지도 모릅니다. 저는 제 문제 해결 능력을 비교적 신뢰하는 편입니다. 그 바탕에는 수없이 실수하고 실패하며 배운 경험이 있습니다. **문제 해결 능력은 문제를 많이 겪어 본 사람에게 쌓**

입니다. 다시 말해, 실수와 실패를 통과한 시간의 결과입니다. 그러니 너무 늦기 전에 한 번쯤 부딪혀 보아도 좋겠습니다. 지금 순간이 실수해도 괜찮을 가장 젊은 때일지 모릅니다.

안전하고 보장된 길에서는 자신의 능력을 시험해 볼 기회가 많지 않습니다. 굳이 고생을 택할 필요는 없지만 한 번도 가 보지 않은 길을 걷는 일은 새로운 자신을 만나는 계기가 될 수 있습니다. 자신의 가능성을 미리 한정하지 않아도 됩니다. 문고리를 돌려야 문이 열리고 문을 열어야 그 너머를 볼 수 있습니다. 마냥 충동적으로 행동하라는 뜻은 아닙니다. 도전해 보고 싶은 일이 있다면 자신의 힘을 믿고 원하는 방향으로 한 걸음 내디뎌 보자는 말입니다. 지금까지 쌓아 온 성과를 아까워하며 붙들고 있을 필요도 없습니다. 여기까지 올 수 있었다면 더 멀리 갈 힘도 이미 갖고 있을지 모릅니다. 실수해도 괜찮습니다. 한 번쯤 자신을 믿어 봐도 좋겠습니다.

생각하기(Thinking) :
"선택권은 나에게 있어."

저는 거절을 잘하지 못하는 편입니다. 덕분에 얻은 기회와 성과도 적지 않습니다. 그러나 그 결과가 늘 깊은 기쁨으로 이어지지는 않았습니다. 아이를 키우며 떼를 쓰고 바닥에 누워 우는 모습을 볼 때면 묘한 부러움이 올라왔습니다. '그래, 저렇게 솔직해도 되는 거구나. 저렇게 표현하고 살면 얼마나 속이 시원할까?' 마음속에서 그런 생각이 스치고 지나갔습니다. 저 역시 시원하게 거절해 보고 싶다는 바람이 있음을 그때 알게 되었습니다. 그 이후로는 작은 일부터 거절을 연습해 보기로 했습니다. 여전히 실패하는 날이 많지만 적어도 한 가지는 분명해졌습니다. 타인의 요구만큼 내 욕구도 소중하다는 사실입니다. 선택은 언제나 내 몫이라는 것을 조금씩 배워 가고 있습니다.

지인들이 만나자고 연락하면 거절하지 못한 채 약속을 잡곤 했습니다. 그러나 막상 가족 일정이나 육아로 지키지 못하는 일이 반복되었습니다.

"평일 퇴근 후에는 피곤해서 약속을 잡기 어려워."
"아이를 돌봐야 해서 모임 참석이 부담돼."

이처럼 정중하게 말하는 법을 몰랐습니다. 대신 무리한 약속을 하고, 뒤늦게 미안함을 감당하곤 했습니다. 지금은 다릅니다. 상황에 맞게 일정을 조율하거나 필요할 때는 분명히 거절합니다. 나의 여건을 설명하는 일이 타인을 밀어내는 행동이 아니라 나 자신을 지키는 선택임을 조금씩 배워 가고 있습니다.

'단호하게 선을 긋는 행동은 다른 사람에게 실망감을 안겨줄 위험을 감수하고서라도 자기 자신을 사랑할 용기를 내는 것이다.'

-브레네 브라운-

이 시기의 아이를 키우는 부모라면 당당하게 떼를 쓰고 고집을 드러내는 아이의 모습을 보며 자신을 위한 결정을 연습해 보아도 좋겠습니다. 독립적으로 생각하고 선택하는 힘을 함께 키워 가는 일입니다. 'No List'를 만들어 보는 것도 한 방법입니다. 무엇을 하지 않을지, 어디까지는 받아들이지 않을지 적어 보는 일입니다. 싫다고 말하는 것은 관계를 깨뜨리는 행동이 아니라 경계를 세우는 일입니다. **선택권은 늘 우리에게 있습니다. 타인을 만족시키는 일보다 먼저, 자신을 존중하는 일이 우선임**

을 잊지 않아도 됩니다.

　감정을 어떻게 사용할지 또한 우리의 선택임을 아는 일은 중요합니다. 남편은 평소 친절하고 예의 바른 사람입니다. 그러나 특정한 상황에서는 크게 화를 내곤 했습니다. 그럴 때면 저는 남편이 무언가에 휘둘리는 사람처럼 낯설게 느껴졌습니다. 부당함을 느끼거나 손해를 볼 것 같은 순간 그는 날을 세워 자신을 지키려 했습니다. 하지만 남편은 아이를 키우며 이 문제를 해결하게 되었습니다. 떼를 쓰는 아이에게 똑같이 화로 대응해서는 아무것도 가르칠 수 없다는 사실을 깨달았기 때문입니다. 이제는 늘 한 걸음 멈추어 상황을 살핍니다. 아이를 대하듯 상대의 입장을 생각하고 주변의 맥락을 살펴보며 원인이 될 단서를 찾습니다. 감정에 휩쓸리기보다 이해하려 애씁니다.

　내 뜻대로 통제되지 않는 사람에게 화를 쏟아도 달라지는 것은 많지 않습니다. 변화를 선택할 수 있는 쪽은 결국 나 자신입니다. 화를 낼지, 한 번 더 생각해 볼지. 그 선택권은 언제나 내 안에 있습니다.

정체성과 힘(Identity & Power) :
"남들과 비교하지 않아도 괜찮아."

SNS의 발달로 우리는 가까운 사람은 물론 유명인의 삶까지 손쉽게 들여다보게 되었습니다. 타인의 화려한 순간을 바라보는 데 적지 않은 시간을 씁니다. 그러다 보면 내가 가진 것보다 남의 것이 더욱 커 보이고, 최선을 다하고 있음에도 삶이 초라하게 느껴질 때가 있습니다. 그럴 때 우리는 묻게 됩니다. '이 끝없는 비교의 늪에서 어떻게 걸어 나올 수 있을까?'

내가 가진 것의 목록을 적어 보는 일은 어떨까요. 가능하다면 에세이로 풀어 보아도 좋겠습니다. 소중한 사람, 내 안의 재능, 오래 곁에 둔 물건에 대해 천천히 써 보세요. 하나하나 떠올리다 보면, 버릴 것 없이 감사한 것들임을 알게 됩니다. 내가 이미 가지고 있는 것에 시선을 두는 일은 자존감을 단단하게 합니다. 그것은 스스로에게 건네는 칭찬이자 격려가 되어 마음을 채워 줍니다. 마음이 쉽게 흔들리지 않도록 붙들어 주는 힘이 됩니다.

저는 브런치스토리에 「원장 엄마의 사십춘기」라는 에세이를 쓰면서
내가 누구인지 무엇을 이루어 왔는지, 앞으로 어떻게 살고 싶은지 정리
하는 시간을 가졌습니다. 그 과정에서 가족과 주변의 사람들 그리고 제
가 쌓아 온 성과를 새롭게 바라보게 되었습니다. 글로 적기 전에는 당연
하다고 여겼던 것들이 문장 속에서 다시 살아났습니다. 그때 비로소 알
았습니다. 나는 이미 충분히 아름답고, 충분히 멋진 삶을 살고 있다는
것을요.

평소에 듣던 칭찬과 존경의 말은 제 마음에 오래 머물지 못했습니다.
원하는 칭찬이 와도 겸손이라는 이름 뒤에 숨어 흘려보내곤 했습니다. 그
러나 에세이를 쓰며 스스로에게 충분한 칭찬과 격려, 위로를 건네고 나니
달라졌습니다. 이제는 칭찬이 오면 가슴으로 받아들일 수 있습니다.

자신을 알 때 비로소 자신을 사랑할 수 있습니다. 누구라도 글을 써
보길 바랍니다. 에세이든 일기든 시든 다 좋습니다. 자신을 들여다보는
시간은 결국 자신을 품는 시간이 됩니다. 남의 삶과 자신의 삶을 같은
저울에 올릴 필요는 없습니다. 비교는 애초에 정확할 수 없습니다. 우리
는 각자 생각하고 선택하는 존재입니다. 같은 부모 아래에서 자라고 비

숫한 환경을 공유해도 삶의 방향은 달라집니다. 삶을 해석하는 눈도, 목표를 세우는 기준도 각자의 몫이기 때문입니다. 형제자매도 이렇게 다릅니다. 하물며 유전과 환경이 모두 다른 타인과 나를 어떻게 단순히 나란히 세울 수 있을까요. 부족함을 이유로 자신을 몰아붙이기보다 이미 다른 길 위에 서 있다는 사실을 먼저 인정해도 좋겠습니다.

　노력한다고 해서 모두가 1등이 될 수는 없습니다. 세상에 1등은 한 사람뿐이지만 우리는 저마다의 자리에서 충분히 의미 있는 삶을 살아갈 수 있습니다. 비교와 부러움에 마음을 빼앗기며 소중한 시간을 흘려보내지 않아도 됩니다. 내가 누구인지, 곁에 있는 사람들은 어떤 존재인지를 천천히 적어 보세요. 글로 마주한 나와 나의 사람들은 생각보다 더 따뜻하고 단단할지 모릅니다. 일기나 자전적 에세이 등의 자신에 대한 기록은 감사와 사랑을 키워 줍니다. 그리고 비교에서 비롯된 우울과 속상함으로부터 조금은 거리를 두게 합니다.

[부록]   한 걸음 더 나아간
선배 부모들의 이야기

부록 요약 : 원장으로 근무하며 부모교육 워크숍을 매달 열었던 해가 있었습니다. 한 해의 교육을 마치며, 부모님들께 각자의 성장과 변화에 대해 짧은 소감을 글로 남겨 달라고 부탁드렸습니다. 그 이야기들은 개인의 경험이면서도, 우리 모두의 이야기이 기도 했습니다. 육아를 통해 다시 배우고 자라난 시간에 대한 기록들입니다. 이 장에 서는 그 목소리들을 함께 나누고자 합니다.

독자를 향한 짧은 질문 :

육아와 재성장은 나에게만 힘든 일일까요?

내가 나의 일을 하고, 당신이 당신의 일을 한다면,

그리고 우리가 서로의 기대에 부응하며 살지 않는다고 하면,

우리는 살 수 있을지는 모르지만, 세계는 존재하지 않을 것입니다.

당신은 당신이고, 나는 나입니다. 그리고 함께입니다.

우연이 아니라, 서로 손을 잡으면서

우리는 서로의 아름다움을 찾을 것입니다.

그렇지 않다면, 우리는 어쩔 수 없습니다.

-Claude Steiner[5]

---

5) 마음을 여는 열쇠(2015), Claude Steiner, 이영호·박미현 공역, 학지사

아이가 14개월이 되었을 때, 저는 경력 단절을 끝내고 교사에서 처음으로 원장이 되었습니다. 워킹맘이 된 저는 우리 아이를 다른 어린이집에 맡기고 종종걸음으로 출근해 또래 아이들을 돌보았습니다. 책임의 무게는 가볍지 않았습니다. 학부모님들은 또래 아이를 키우는 젊은 원장을 믿고 의지해 주셨습니다. 육아가 버거울 때면 서로의 어깨를 두드리며 힘을 나누었습니다. 원장과 학부모로 만났지만 우리는 같은 터널을 걷는 부모이기도 했습니다. 손을 내밀고 잡아 주며 각자의 시간을 건너왔습니다.

아이들이 자라 졸업하고 나서 공식적인 관계는 끝났습니다. 그러나 지금도 SNS를 통해 서로의 일상을 지켜보고 응원합니다. 돌아보면 진심으로 교류하며 함께 자라던 그 시간은 오래도록 마음에 남는 장면이 되었습니다.

같은 주제로 교육을 열어도 매번 신청하시는 부모님들이 계셨습니다. "내용은 같지 않나요?" 하고 여쭈면 이렇게 답하셨습니다. "교육은 같아도 아이가 달라졌잖아요. 그래서 다시 들어야 해요." 아이의 성장에 맞추어 자신도 다시 배우려는 그 마음이 참 고맙게 느껴졌습니다. 저는 그분들을 돕고 싶었습니다. 밤늦은 전화에도 응답했고 상담을 요청하면 시간을 내었습니다.

만약 내 아이만 잘 키우겠다는 마음으로 세상과 거리를 두었다면 그 분들과 만나지 못했을 것입니다. 어쩌면 한 아이의 부모로서는 충분했을지 모릅니다. 그러나 함께 배우고 자라는 흐름은 만들지 못했을 것입니다. 그리고 이 글을 쓰겠다는 용기 역시 쉽게 내지 못했을 것입니다.

제가 아무리 열심히 교류분석 상담이론을 공부하고 쉬지 않고 부모교육 워크숍을 열었다 해도, 함께 참여하고 실천하며 삶의 변화를 만들어 간 부모님들이 없었다면 그 노력과 지식은 빛을 보지 못했을 것입니다. 저의 연구와 열정을 살아 있는 경험으로 만들어 준 부모님들께 깊이 감사드립니다. 함께 울고 웃으며 자라난 그 시간의 이야기들을 이곳에 나누어 보려 합니다.

칭찬이 필요했던 앵두 님에게 :
"지금도 충분히 잘 하고 있어요."

원장님과 함께했던 부모교육은 제 젊은 시절의 육아를 함께 건너온, 고마운 시간이었습니다. 혼자 품고 있던 고민을 나눌 수 있었고, 미처 알지 못했던 부분도 배우게 되었습니다. 그리고 '나'를 다시 만났습니다. 엄마가 되며 잠시 뒤로 미뤄 두었던 저 자신을요.

육아를 하다 보면 내가 잘하고 있는지 확신이 없어 괜히 미안해지고, 눈물이 날 때가 많습니다. 그럴 때마다 충분히 잘하고 있고, 조급해하지 않아도 된다는 말씀을 들으며 큰 위로를 받았습니다. 생각에도 환기가 필요하다는 것을 그 시간을 통해 배웠습니다.

다시 돌아가도, 저는 망설임 없이 함께할 것입니다.

앵두 님이 어느 날 상담을 요청하셨습니다. 아이는 어린이집에 잘 적응했고 어머님도 새로운 일을 시작하며 삶의 보람을 느끼던 때였습니다. 그 무렵 둘째를 임신했다는 소식을 전해 주셨습니다. 새로운 생명과의 만남으로 인한 기쁨이 컸지만, 회사의 반응은 달갑지 않다며 걱정을 했습니다. 이제 막 다시 움직이기 시작한 삶이 또다시 멈추는 것만 같아 속상해 하였습니다.

늘 자신보다 타인을 먼저 돌보던 마음을 잠시 자신에게로 돌리라는 뜻으로 둘째가 찾아온 것은 아닐까요. 저는 그렇게 생각해 보자고 말씀 드렸습니다. 이번 아이는 자신을 충분히 사랑하라는 메시지를 안고 온 존재일지도 모른다고요.

잘 먹지 않아 마음을 졸이게 했던 첫째와 달리 둘째는 무럭무럭 자랐습니다. 그 아이를 키우며 첫째 때의 고생을 웃으며 이야기하는 앵두 님을 보면 저 또한 힘을 얻습니다. 시간이 흘러 둘째가 돌을 앞두었을 즈음 앵두 님은 아이를 인근 어린이집에 보내고 제가 운영했던 어린이집에서 6주간 실습 교사로 근무했습니다. 그리고 지난해에는 보육교사와 강사의 관계로 현장에서 다시 마주하기도 했습니다. 부모로서 역할을 기쁘게 감당하며 자신의 길도 성실히 열어 가는 앵두 님이 참으로 자랑스럽습니다.

경청해줄 누군가가 필요했던 마들렌 님에게 :
"언제라도 도움을 요청해도 좋아요."

둘째를 어린이집에 보내며 '교류분석 부모훈련(TAPT)' 교육을 듣게 되었습니다. 매달 빠지지 않고 참석하다 보니, 오히려 첫째에게 미안한 마음이 밀려왔습니다. 이 교육을 조금만 더 일찍 알았다면 덜 상처 주며 키울 수 있지 않았을까 하는 아쉬움이었습니다.

늦었다고 여겼지만, 어쩌면 그때가 가장 알맞은 때였는지도 모릅니다. 원장 선생님과 개인 상담을 하며 제 이야기를 솔직히 꺼냈습니다. 긴 고백을 조용히 들어 주시는 경험 속에서 위로와 격려를 받았습니다. 그 순간부터 제 모습을 더 분명히 알아차리게 되었고, 조금씩 변화가 시작되었습니다.

스스로를 돌아보는 시간도 늘었고, 고쳐야 할 부분을 하나씩 다듬어 갔습니다. 화는 줄었고, 인내심은 자랐습니다. 둘째가 다섯 살이 되어 졸업한 뒤에도 그때의 위로는 제 안에 남아 있습니다. 지금도 종종 상담을 요청하며 그 만남을 이어 가고 있습니다.

아이를 어린이집에 보낸 시간은 아이의 성장뿐 아니라 제 성장의 시간이었다고 생각합니다. 그래서 이제는 같은 실수를 반복하지 않으려 더 의식하며 살아가고 있습니다.

빵을 잘 만드는 마들렌 님은 타고난 이야기꾼입니다. 스쳐 지나갈 법한 일상도 생각으로 붙들어 두고, 그 안에서 의미를 길어 올립니다. 육아를 안개 길에 비유하며 막막함을 토로하시지만, 한편으로는 그 길을 끝까지 걸어 보려는 모험가처럼 보이기도 했습니다.

마들렌 님의 이야기를 들을 때마다 저는 그 안에서 부모다움과 어른다움, 그리고 아이다움을 함께 보았습니다. 한없이 너그럽고 돕고자 하는 양육적 부모의 모습, 상황을 이성적으로 정리하려는 어른의 태도, 사랑하는 이의 기대에 맞추려는 순응적인 어린이의 마음이 한 사람 안에 공존하고 있었습니다. 이 세 자아는 때로 육아를 빛나게 했고 때로는 서로 부딪히며 혼란을 만들었습니다. 교육과 상담을 통해 그 장면들을 차분히 돌아보았고 점차 부모 자아의 명령과 어린이 자아의 불안에서 한 걸음 물러나 스스로 판단하는 어른의 자리에 서기 시작했습니다. 이야기를 충분히 들어 주는 것만으로도 마들렌 님은 자신의 힘으로 답을 찾아갔습니다. 그 과정은 조용했지만 단단했습니다.

다시 만나도 여전히 육아가 쉽지 않다고 말하실지 모릅니다. 그러나 그 말 끝에는 분명 전보다 깊어진 여유가 담겨 있을 것입니다.

허가가 필요했던 바다 님에게 :
"완벽하지 않아도 괜찮아요."

코로나19로 혼란스러웠던 2020년에 아이를 낳았습니다. 조리원 동기도 없이, 인터넷에 떠도는 육아 정보에 기대어 아이를 키워야 했습니다. 몸과 마음이 지쳐 갈 즈음 아이를 어린이집에 보냈고, 그곳에서 열린 부모교육에 2년 가까이 꾸준히 참여했습니다. 그 시간을 통해 아이의 발달에 맞는 양육 방법을 배웠습니다.

아이의 행동만 보며 마음을 헤아리지 못했던 지난날을 돌아보게 되었습니다. 다그치고, 기 싸움을 벌였던 장면들이 떠올랐습니다. 부끄럽고 아쉬웠지만, 그만큼 배우고 싶어졌습니다.

부모교육의 끈을 놓지 않았기에 이제는 조금이나마 아이의 감정을 읽으려는 눈이 생겼습니다. 긍정적인 스트로크를 건네려 노력하는 엄마가 되어 가고 있습니다. 저도, 아이도 한결 편안해졌습니다. 물론 여전히 "이게 맞을까?" 하고 흔들리는 순간이 있고, 화가 치밀 때도 있습니다. 그럴 때마다 배움의 자리에서 익혔던 태도를 떠올리며 다시 마음을 고릅니다.

행동 뒤에 숨은 마음을 들여다보는 일. 그 중요함을 깨닫게 해 준 교육의 시간은 제 육아에 작은 오아시스였습니다.

바다 님은 타인의 마음을 다정하게 어루만지고, 위로와 긍정의 힘을 나누는 재능이 있는 분입니다. 그러나 자신에게는 그 따뜻함을 쉽게 허락하지 않는 모습이 있어 안쓰러웠습니다. 그래서 제 목표는 늘 바다 님께 충분한 긍정의 인정, 곧 스트로크를 전하는 일이었습니다.

교류분석에서는 자존감을 북돋는 인정자극을 '스트로크'라고 부릅니다. 2년 동안 꾸준히 스트로크를 나누며, 스스로를 바라보는 시간을 응원했습니다. 그리고 지금 바다 님은 자신의 일을 찾아 다시 사회에 발을 내디뎠습니다. 육아와 일을 함께하는 일상은 이전보다 더 고단할 수 있습니다. 그럼에도 저는 그 힘 또한 스스로 길러 가고 계시다고 믿습니다.

워킹맘은 아이에게 생긴 모든 문제를 직접 해결해 줄 수는 없습니다. 그 한계가 답답하게 느껴질 때도 있을 것입니다. 그러나 아이는 자신의 행동이 가져오는 결과를 배우며 자랍니다. 주변의 고마운 이들과 우정을 나누고 서로의 수고를 인정하며 하루하루를 견디다 보면 우리는 어느새 조금 더 단단해져 있을 것입니다.

힘든 상황 속에서도 늘 주변을 살피고 챙기던 맏언니 같은 바다 님을 잊을 수 없습니다. 어디에 계시든 이제는 자신 또한 돌보고 사랑하시기를 조용히 응원합니다.

경계가 필요했던 수풀 님에게 :
"건강한 규칙은 아이를 자유롭게 해요."

아이를 키우며 몸은 점차 수월해졌지만, 사고가 자라면서 감정을 이해하고 공감하며 다루는 일은 오히려 더 어려워졌습니다. 아이의 감정이 버겁게 느껴질 때마다 저는 원장 선생님께 조언을 구했습니다.

기억에 남는 일이 있습니다. 아이가 처음으로 혈관주사를 맞고 온 날, 밤중에 놀라 울며 깨어났습니다. 그 경험이 무섭고 힘들었던 듯했습니다. 우리는 그 기억을 떠올리면 더 힘들어할까 봐 그저 달래기만 하고, 아픈 이야기는 덮어 두려 했습니다. 그러나 시간이 지나도 아이의 불안은 쉽게 가라앉지 않았습니다.

상담을 통해 들은 조언은 단순했습니다. 그날의 무서웠던 경험을 피하지 말고, 정확한 정보를 주라는 것이었습니다. 앞으로는 주사 대신 약으로 치료할 수 있다는 사실을 알려 주며 아이의 감정을 먼저 받아 주라는 말이었습니다. 우리는 그대로 해 보았습니다. 아이의 두려움을 인정하고, 안심할 수 있는 정보를 건넸습니다. 그러자 아이는 놀라울 만큼 빠르게 안정을 되찾았습니다.

돌이켜보면 간단한 말이었지만, 그 말을 떠올리기까지는 쉽지 않았습니다. 부모의 자리에서는 작은 판단 하나가 아이의 마음을 크게 흔들 수 있다는 사실을 배웠습니다. 그때 도움을 청할 수 있는 사람이 곁에 있었다는 것이 참 고마웠습니다.

지금 다섯 살이 된 아이를 키우며 여전히 배우고 인내해야 할 순간들이 이어집니다. 그럴 때마다 마음속에 새긴 한 문장을 떠올립니다. 아이의 감정과 행동을 마주할 때, 엄마는 흔들리지 않고 일관되게 서 있어야 한다는 것. 발달 과정에서 일어나는 변화는 자연스러운 흐름이지만, 그 곁에서 중심을 잡는 일은 부모의 몫임을 깨닫습니다. 아이가 안전하게 돌아올 수 있도록, 엄마는 자리를 지켜야 합니다.

수풀 님은 실천적인 이과 엄마입니다. 핵심 원리를 전하면 육아의 문제를 차분히 풀어내고, 몇 가지 사례만 들어도 스스로 공식을 만들어 냅니다. 따뜻한 마음을 지니면서도 그 원리를 어떻게 삶에 적용할지 고민하는 모습이 인상적이었습니다.

일과 육아를 병행하는 바쁜 일상에서도 시간을 내어 부모 교육에 참석해 주셨습니다. 생활 속에서 떠올랐던 질문들을 차곡차곡 모아 두었다가 차분히 꺼내 놓았습니다. 그 덕분에 중요한 주제들이 자연스럽게 대화의 중심으로 떠올랐고 서로의 경험을 공유하며 모임 전체가 한층 깊어졌습니다.

아이를 더 소중히 대하고자 끊임없이 질문하던 태도는 책임감 있으면서도 따뜻했습니다. 모르는 것이 있어도 주저하지 않고 배우는 과정을 즐기던 수풀 님이 있었기에 우리의 모임은 활기와 진지함을 함께 지닐 수 있었습니다.

기다림이 필요했던 민초 님에게 :
"있는 모습 그대로를 사랑해도 좋아요."

우리 아이의 어린이집 적응에는 석 달이 걸렸습니다. 다른 아이들이 3~4주 만에 적응하는 모습을 보며 마음이 조급해졌지만, 원장 선생님은 우리 아이 역시 그 나름의 속도로 자라는 소중한 아이라고 말해 주셨습니다. 그 한마디 덕분에 불안을 조금 내려놓을 수 있었습니다.

힘겨운 적응기를 지나자 언어 지연이라는 과제가 나타났습니다. 발화가 늦을 뿐 다른 어려움은 크지 않다는 것을 알면서도, 또래보다 더딘 발달은 마음을 흔들었습니다. 아이가 40개월이 되었을 무렵 언어 치료를 결심했고, 원장 선생님은 그 선택을 지지해 주셨습니다. 그러면서도 아이를 여전히 "보석 같은 아이"라고 불러 주셨습니다. 원석이 빛을 내기까지 시간이 필요할 뿐이라며, 조급해하지 말고 지켜보자고 하셨습니다. 그 말은 오래도록 제 안에 남았습니다.

그리고 만 네 살이 될 즈음, 그 빛이 문득 드러났습니다. 아이는 단어를 읽기 시작했고, 글자를 스스로 써 내려갔습니다. 마치 한글의 질서를 스스로 발견한 연구자처럼, 설명 없이도 읽어 나갔습니다. 눈앞의 변화가 믿기지 않았습니다.

이제 제 고민은 이 귀한 원석을 어떻게 다듬어 줄 것인가입니다. 얼마나 큰 빛을 품고 있을지 생각하면 설레면서도 조심스러워집니다. 그러나 지금까지 그랬듯, 제 방식대로 아이 곁을 지켜도 괜찮겠지요.

부모교육에 빠지기도 했지만, 참여할 때마다 또래 부모들과 나누는 대화는 큰 힘이 되었습니다. 어린이집을 졸업하고 유치원에 입학한 지 반년이 지났지만, 그때 함께했던 엄마들과의 교류는 여전히 이어지고 있습니다. 아이를 매개로 만난 우리는 서로에게 버팀목이 되었습니다. 지칠 때 기대고, 기쁠 때 함께 웃으며 아이를 키워 왔습니다. 그 시간을 떠올리는 일만으로도 마음이 따뜻해집니다.

민쵸 님은 늘 밝고 긍정적인 엄마입니다. 자신을 솔직하게 드러내고 타인의 감정을 세심하게 살필 줄 아는 분입니다. 아이의 발달이 또래보다 느리다는 사실에 마음을 졸이기도 했지만 아이 앞에서는 한결같이 따뜻하고 너그러운 엄마로 머물렀습니다. 존재를 있는 그대로 인정하고 사랑하는 일은 말처럼 쉽지 않지만 민쵸 님은 그 일을 꾸준히 해내고 있었습니다.

둘째를 돌보느라 부모 교육에 자주 참석하지는 못했지만 하원 후 놀이터에서 부모들과 어울리고 주말을 함께 보내는 모습 속에서 또 다른 배움을 보았습니다. 지식 못지않게 힘이 되는 것은 함께하는 공동체와

서로를 격려하는 관계라는 사실이었습니다.

그 관계가 앞으로도 부모에게는 버팀목이 되고 아이에게는 따뜻한 토양이 되기를 바랍니다.

이야기 속에 등장하지는 않았지만 재원 중일 때뿐 아니라 졸업 이후에도 종종 상담을 요청해 주시는 부모님이 계십니다. 어느 날 상담을 마치며 이런 말씀을 하셨습니다. "원장님이 책을 쓰셨다면 힘들 때마다 펼쳐 보며 마음을 다잡을 수 있을 텐데요." 그 말은 오래도록 남았습니다. 그때의 저는 책을 쓸 용기를 상상하지도 못했지만 그저 그렇게 믿어 주는 마음이 고마웠습니다.

부모교육 워크숍과 상담을 이어가던 어느 날 부모님들께 건네던 말들이 방향을 바꾸어 제 안으로 쏟아졌습니다. 그 순간 깨달았습니다. 남을 다독이던 문장이 정작 제 삶에는 닿지 않고 있었다는 사실을요. 그래서 결심했습니다. "내 삶을 한번 흔들어 보자!" 인정받기 위해 애써 온 시간을 내려놓고 내면의 목소리와 오래 웅크리고 있던 욕구를 하나씩 들여다보고 싶어졌습니다. 그렇게 퇴사를 마음먹고 국공립 어린이집 재위탁 지원을 하지 않겠다는 뜻을 시청에 전했습니다.

지난 5년은 제게 모든 것이 처음이던 시간이었습니다. 원장도 처음이었고 부모교육 강사도 처음이었습니다. 처음이었기에 서툴렀고 제가 서툴다는 것을 알았기에 더 열심히 공부하고 강의했습니다. 그 5년은 제 인생에 다시 없을 시간으로 남았습니다. 늘 어린이집을 믿고 함께해 주신 부모님들께 다시 한번 감사의 마음을 전합니다. 좋은 부모님들이 계셨기에 저는 좋은 원장으로 설 수 있었습니다. 그러한 부모님들의 마음을 이해하려 애쓰고 부모 역할의 어려움에 진실되게 다가가려 노력했던 저도 칭찬해 봅니다.

"대견하다. 정말 수고 많았어."

나가며

완벽한 준비보다는 그저 용기를 내어 볼 때

부모가 된 지 얼마 지나지 않아 관리자가 되었습니다. 아이를 키우는 일과 어린이집을 운영하는 일을 동시에 감당하느라 숨 돌릴 틈이 없었습니다. 일과 육아에 힘을 쏟고 나면 그제야 남편이 보였지만 그의 마음까지 살필 여유는 없었습니다. 나를 돌보지 않은 채 타인만 돌보던 시간 속에서, 정작 나를 아끼는 사람과 충분히 함께하지 못했습니다. 밖에서는 좋은 원장이었고 아이에게는 좋은 엄마였지만, 좋은 아내로서의 나, 사랑스러운 한 사람으로서의 나는 점점 흐려지고 있었습니다.

직장을 그만두고 남편과 아이를 이끌고 인구 소멸 지역인 고향으로 이사를 오면서 '이렇게까지 해야 하나?' 하고 스스로에게 묻기도 했습니다. 그러나 지금은 그것이 제게 꼭 필요한 선택이었다고 믿습니다. 양손 가득 움켜쥐고 있던 불안을 내려놓자 그 손으로 가족을 어루만지고 나 자신을 보듬을 여유가 생겼습니다.

완벽한 준비가 끝나기를 기다렸다면 저는 여전히 그 자리에 머물러 있었을지도 모릅니다. 때로는 준비보다 먼저 필요한 것이 용기라는 사실을 가족을 보며 깨닫습니다. 늘 완벽히 준비된 상태는 아니었습니다. '아이'는 벼랑 끝에 선 저를 앞으로 나아가도록 밀어내는 존재였습니다. 도망치고 싶던 길도 아이 덕분에 걸어 냈고, 아이 덕분에 가족은 더 단단히 협력하고 서로를 의지하는 관계가 되었습니다. 『아이만큼 자라는 부모』의 저자 셰팔리 차바리는 이렇게 말합니다.

자녀는 부모를 성장시킬 기회를 제공하려고 부모의 삶에 들어온 존재다.
그러므로 육아의 매 순간이 부모를 일깨운다.
이러한 일깨움의 영향력은 엄청나다.[6]

완벽히 준비한 뒤에야 부모가 되어야 한다는 생각에도, 완벽히 준비할 수 없으니 부모 되기를 포기해야 한다는 생각에도 저는 동의하지 않습니다. 우리 사회가 요구하는 '좋은 부모'의 기준은 때로 지나치게 높습니다.

저는 임신 후 건강 악화로 어린이집을 그만둬야 했고, 남편도 아이의

6) 아이만큼 자라는 부모(2018), 셰팔리 차바리, 알에이치코리아

수술을 위해 육아휴직을 했었습니다. 경제적으로 넉넉하지 않은 환경이었지만, 그 시간은 아이뿐 아니라 부모인 저희에게도 깊은 성장을 안겨 주었습니다. 아이를 낳기 전의 저는 밤을 새워 일하고 공부하며 제 몸을 돌보지 않았습니다. 그러나 아이가 생기자 달라졌습니다. 아이를 위해서라도 저 자신을 챙겨야 했고, 어른이 된 이후 처음으로 '돌봄'을 받아 보는 따뜻함을 경험했습니다. 아이를 잘 먹이려다 보니 저 또한 식사를 챙기게 되었고, 아이가 방학을 하면 그 덕에 저도 잠시 멈추어 숨을 고를 수 있었습니다. 아이는 제 삶을 멈추게 한 존재가 아니라, 다시 돌보게 한 존재였습니다.

최고가 되기 위해 애쓰기보다, 그때그때의 최선을 선택하며 삶을 사랑할 수 있기를 바랍니다. 우리는 태어날 때부터 가늠할 수 없는 사랑을 받고 이 세상에 왔습니다. 경제력과 학력, 건강은 우리를 설명할 수는 있어도, 존재의 가치를 재단하는 기준은 아닙니다. 그것은 우리의 아이들도 마찬가지입니다. 인간은 누구나 존재 그 자체로 존엄하며 사랑받을 자격이 있습니다.

아이를 키우는 일은 그 사실을 다시 일깨워 준 시간이었습니다. 존재 자체로 사랑하고 인정하는 법을 배우며, 저 자신을 새롭게 바라보게 되었습니다. 그것이 아이를 키우며 우리 부부가 얻은 가장 큰 깨달음이자 힘이었습니다. 누군가는 결혼과 육아가 자신의 삶을 빼앗았다고 말할지도 모릅니다. 그러나 제게는 달랐습니다. 결혼과 육아를 통해 잠시 잊고 지냈던 저 자신을 다시 만났고, 평생 함께할 가족이라는 든든한 울타리를 얻었습니다.

육아가 힘들지 않다고 말할 수는 없습니다. 다만 그 과정에서 어디에서도 경험하지 못한 '다시 자라는 기쁨'을 만날 수 있다고는 말할 수 있습니다. 이번 생은 이미 끝났다고 말하기보다, 아이와 함께 다시 태어나고 성장할 기회를 맞이해 보아도 좋겠습니다. 고맙습니다.